# 教育数字化战略下高等教育管理的优化路径研究

范华莉 / 著

武汉理工大学出版社

·武　汉·

**图书在版编目（CIP）数据**

教育数字化战略下高等教育管理的优化路径研究 /
范华莉著. -- 武汉：武汉理工大学出版社，2024. 10.
ISBN 978-7-5629-7278-5

Ⅰ. G640

中国国家版本馆CIP数据核字第20249YA863号

责任编辑：尹珊珊
责任校对：严　曾　　　排　　版：米　乐
出版发行：武汉理工大学出版社
社　　　址：武汉市洪山区珞狮路122号
邮　　　编：430070
网　　　址：http：//www.wutp.com.cn
经　　　销：各地新华书店
印　　　刷：北京亚吉飞数码科技有限公司
开　　　本：710×1000　1/16
印　　　张：14.25
字　　　数：222千字
版　　　次：2025年3月第1版
印　　　次：2025年3月第1次印刷
定　　　价：96.00元

# 前　言

在21世纪的今天，数字化浪潮正以前所未有的速度重塑着我们的世界。教育作为社会进步的基石自然也未能置身事外。随着信息技术的飞速发展，教育数字化战略已经成为全球高等教育改革的重要方向。在教育数字化战略下，高等教育管理应充分利用信息技术手段提升管理效率。例如，引入先进的教育管理系统，实现学生信息、教学资源、课程设置等各方面的数字化管理，减少人工操作，提高管理精度；利用大数据、云计算等技术，对高等教育管理数据进行深度挖掘和分析，为管理决策提供科学依据；借助物联网技术，实现对校园环境的智能化管理，提升校园安全和舒适度。概言之，教育数字化战略不仅改变了传统的教学方式和学习模式，也为高等教育管理带来了前所未有的机遇和挑战。基于此背景，作者在参阅大量相关著作文献的基础上精心撰写了本书。

本书共有九章。第一章定义了数字化在教育领域中的重要性，概述了高等教育管理在这一过程中的核心地位。数字化不仅是一种技术手段，更是一种思维模式，它要求我们重新审视和构建教育管理的框架。第二章深入探讨了支撑数字化管理的理论基础，系统理论、学习理论、知识管理与组织变革理论，以及教育技术与管理信息系统理论，共同构成了高等教育管理数字化的理论支撑。第三章针对教育数字化战略下高等教育管理的新挑战展开分析，任何改革都不会一帆风顺，数字化战略在为高等教育管理带来机遇的同时也带来了一系列挑战。如何在改革创新中找到平衡点，如何在数字化的浪潮中把握教育的本质，是我们必须面对的问题。第四章具体讨论了管理流程数字化的必要性和实施路径。管理工具与技术的合理应用是实现管理流程优化的关键。此外，本章还涉及数字化管理流程的评估方法，为高等教育机构提供了可行的参考。第五章分析了传统管理模式的局限性，探讨了线上教学和混合式教学模式的兴起与发展。这些新模式不仅改变了教学的方式，也对教育管理提出了新的要求。人才是任何战略成功实施的关键，因而第六章分析了数字化人才的需求，探讨了培养这些人才的途径与方法，以及在培养过程中遇到的挑战和取得的成效。资源的整合与优化是教育数字化战略的重要组成部分，第七章讨论了数字化教育资源整合的意义，以及如何构建资源共享机制和优化配置策略。第八章涵盖了互动式教学、个性化学习、虚拟实验室与仿真教学等多个方面。另外，教师角色的转变和学生发展需求的支持体系也是本章讨论的重点。最后，第九章对高等教育管理的未来趋势进行了预测，并探讨了智能化管理系统、个性化教育服务以及跨界融合对高等教育管理创新的影响。

本书旨在深入分析教育数字化战略对高等教育管理的影响，探讨高等教育管理在数字化战略下的优化路径。通过梳理当前高等教育管理在数字化战略下的实践探索和经验教训，提炼出高等教育管理优化的关键因素和有效策略，以期为高校管理者提供有益的参考和借鉴。同时，关注数字化战略对高等教育教学模式、治理体系、教师发展方式等方面的影响，为高等教育事业的全面发展和创新提供理论支持和实践指导。

本书不仅是对教育数字化战略下高等教育管理优化路径的一次全面研究，也是对未来教育管理发展的一次大胆展望。通过本书，希望能够为教育工作者、政策制定者以及所有关心教育未来的人们提供有价值的借鉴和启示。

作　者

2024年6月

# 目 录

# 第一章　引言

　　高校数字化改革作为我国高等教育信息化发展的新趋势，不仅为高校教育管理带来了前所未有的发展机遇，更是推动我国高等教育实现跨越式发展的重要举措。因此，进行高校教育管理数字化具有重大的理论与现实意义，其持续推进也必将为高校注入全新的发展动力，助力高校在激烈的国际竞争中立于不败之地。

# 第一节  教育数字化战略

## 一、教育数字化战略解读

2022年12月8日至9日，一场具有里程碑意义的盛会在云端拉开帷幕——2022世界慕课与在线教育大会。这场由世界慕课与在线教育联盟和联合国教科文组织教育信息技术研究所联合主办的盛会，以"教育数字化引领未来"为主题，汇集了全球教育界的精英，共同探讨了教育数字化的发展趋势和未来方向。

中国教育部在会上详细介绍了中国慕课与在线教育的发展成就。慕课自诞生至今已有10年光景，中国在线教育在这10年间经历了翻天覆地的变化。目前，中国慕课数量已经突破6.19万门，注册用户更是超过了3.7亿人。这一数字的激增，不仅展示了中国在线教育市场的蓬勃发展，更体现了中国高等教育在数字化浪潮中的积极拥抱和勇敢创新。[①]

中国慕课的发展不仅体现在数量的增长上，更体现在质量的提升上。慕课以其开放、共享、便捷的特性吸引了越来越多的学习者。同时，慕课也推动了高校教育教学改革的深入进行。通过慕课，高校可以打破时空限制，实现优质教育资源的共享，推动教育公平地实现。此外，慕课还促进了教师教学理念和教学方法的更新，提升了学生的学习积极性和自主学习能力。

在大会上，中国教育部还提出了四点倡议，旨在推动全球在线教育的健

---

① 李永智.智慧教育是数字时代的教育新形态[J].中国高等教育，2023（3）：24-26.

康发展。首先，加快资源开放共享，推进教育公平。通过开放优质教育资源，打破地域、经济等因素的限制，让更多人享受到高质量的教育。其次，深化技术应用，重塑高等教育形态。借助先进的信息技术，创新教学方式和手段，提升教学效果和质量。再次，完善标准规范，推动在线教育创新健康发展。制定统一的标准和规范，保障在线教育的教学质量和学习者的权益。最后，扩大开放合作，构建全球教育共同体。加强国际交流与合作，共同推动全球教育事业的进步和发展。

总之，2022世界慕课与在线教育大会为全球教育界提供了一个宝贵的交流平台，让各国能够共享经验、共谋发展。通过加快资源开放共享、深化技术应用、完善标准规范、扩大开放合作等措施，相信全球在线教育将迎来更加美好的未来。

## 二、坚定不移落实国家教育数字化战略行动

### （一）教育数字化战略行动的价值

从全面贯彻党和国家教育战略方针的高度来看，满足人民日益增长的多样化教育期待已经成为师资队伍建设的重要需求。在当前社会快速发展、科技进步的背景下，人们对于教育的需求已经不再局限于传统的课堂教学，而是更加注重个性化、多样化、创新性的教育方式和内容。因此，实施高校的教育数字化战略行动，实现教育数字化转型，塑造人民满意的教师，具有前所未有的新价值。

教育数字化是指利用现代信息技术手段，将教育资源、教学方法、学习方式等进行数字化处理，以实现教育信息的共享、交流和创新。通过数字化手段，可以打破时间和空间的限制，让教育资源更加便捷地传递和共享，为教师和学生提供更加广阔的学习空间和可能性。同时，数字化技术还可以促进教育教学的创新，为教育带来更加多元化和个性化的教学方式和内容。

高校作为培养人才的重要基地，应积极响应党和国家整体教育战略规

划，以饱满的创新激情加速推进现代化教育的数字化转型升级。这不仅是教育发展的必然趋势，也是高校肩负的重要使命。通过数字化转型，高校可以更加精准地把握教育需求，提供更加优质的教育资源和教学服务，为培养高素质、专业化的人才队伍奠定坚实基础。此外，推进高校的教育数字化进程，还有助于提升教师教育的综合实力。数字化技术可以优化教育资源配置，提高人才培养能力；通过数字化手段加强产学研合作，可以更好地服务经济社会发展；数字化技术还可以促进文化传承创新，提升高校在国际交流合作中的影响力和竞争力。这些方面的提升都将为建设教育强国打下坚实基础。在具体实施上，可以从多个方面入手推进高校的教育数字化进程。例如，加强数字化教育资源的建设和管理，构建数字化教育平台，推动线上线下教育相融合；加强数字化教学技能的培养和提升，引导教师掌握数字化教学手段和方法；加强数字化教育研究和创新，探索数字化教育的新模式和新路径等。

## （二）教育数字化战略行动的构想

在当前阶段，高校应重点关注新兴技术的融合应用，以助力教育生态的重构。通过引入人工智能、大数据等先进技术，可以对教育过程进行智能化管理和优化，提高教育教学的效率和质量。同时，新兴技术还可以为师生提供更加便捷、高效的学习和交流平台，促进知识的共享和创新。

高等教育体系是一个复杂的动态系统，新技术的嵌入将使该系统内部各核心要素不断地进行升级和重构。因此，推进高等院校教育数字化转型，不仅是一项技术性的任务，更是一项涉及教育理念、教学方式、管理体系等多个方面的系统工程。在实施教育数字化战略行动的过程中，高校需要注重"人""物""数"三大基本要素的有机融合。

首先，在"人"的层面，要提升高校生、教师和管理者的数字素养，使他们具备适应数字化时代的教育教学和管理能力。其次，在"物"的层面，要加快完善高等教育教学数字化体系，包括建设数字化教学平台、开发数字化教学资源、推广数字化教学工具等。最后，在"数"的层面，要提升高校数字化治理能力，通过数据分析、数据挖掘等技术手段，为教育决策提供科学依据和支持。

除了以上三个层面的融合外，高校还应注重提升数字化国际影响力。通过加强与国际先进教育资源的对接和合作，引进先进的数字化教育理念和技术手段，可以进一步提升高校的教育质量和国际竞争力。

# 第二节 高等教育管理

## 一、高等教育管理的指导思想

### （一）国家的方针政策

高等教育管理要以国家的方针政策为指导，这是由国家方针政策的性质和内容决定的。国家的方针政策是国家对教育、文化、科技、经济、社会等各个领域的发展方向、目标、任务和政策措施的总概括，具有全局性、长远性和指导性。高等教育管理要以国家的方针政策为指导，才能确保学生管理工作的方向正确、任务明确、措施得力，才能更好地适应国家经济社会发展的需要。以教育方针为例，教育方针是国家对教育事业的发展方向、目标、任务和政策措施的总概括，高等教育管理要以教育方针为指导，才能使学生管理工作更好地服务于教育目的，更好地完成教育任务。此外，国家的方针政策也会随着时代的变化而不断调整和完善。高等教育管理要及时掌握国家的方针政策动态，使学生管理工作能够与时俱进，适应国家经济社会发展的需要。

### （二）现代管理科学理论

现代管理科学理论强调以人为本、以顾客为中心的管理理念，注重通过科学的方法和技术，提高组织的效率和绩效。在高等教育管理工作中，现代管理科学理论提倡注重学生的全面发展，注重学生的个性化需求和差异化发展，从而有效促进学生的成长成才。同时，现代管理科学理论也强调管理的科学化、规范化、标准化和精细化，注重运用现代信息技术和数据分析方法，提高管理效率和精准度。在高等教育管理工作中，现代管理科学理论的应用可以帮助管理人员更加科学、客观、全面地掌握学生的实际情况，对管理工作的顺利开展和取得实效具有重要的意义。

# 二、高等教育管理的目标

## （一）培养学生思想道德素质

在培养学生良好的思想道德素质方面，高等教育管理应该从以下几个方面入手：

（1）注重诚信教育。诚信是人的安身立命之本，是管理人员应特别强调的基本品质。管理人员应该通过建立信用制度等手段，引导学生树立诚信观念，培养诚信品质。

（2）强调品德教育。管理人员应该通过各种方式，如宣传教育、引导示范等，让学生明确道德规范，强化道德意识，树立道德观念，形成道德品质。

（3）推动校园文化建设。校园文化对学生的思想道德素质影响深远。学生管理人员应该通过组织各种文化活动、宣传活动等方式，推动校园文化建设，营造良好的育人环境。

（4）加强实践锻炼。实践是检验学生思想道德素质的重要标准。管理人员应该通过组织社会实践、志愿服务等方式，让学生在实践中领悟思想道德素质的重要性，培养良好的行为习惯。

## （二）维护学生权益和利益

高等教育管理需要保障学生的合法权益和利益，同时关注学生的心理健康和精神文化需求，这是高校教育的重要职责。具体来说，高等教育管理需要在以下几个方面加强工作：

第一，关注学生的心理健康和精神文化需求，建立心理咨询中心和心理援助机制，为学生提供心理咨询服务，解决各种心理问题和困境，同时加强心理健康教育，培养学生健康的心理品质。

第二，加强学费、住宿费、生活补贴等方面的管理，确保学生收费合理、费用收取透明公正，同时建立完善的学生资助体系，为家庭经济困难学生提供资助和生活补贴，保障他们的学习权益。

第三，加强学生会、社团等学生组织的管理和引导，推动学生自治和自我管理，发挥学生在管理过程中的作用，同时积极组织各类文化活动、社团活动等，满足学生在文化方面的需求。

第四，加强安全管理和应急处置管理，确保学生在校期间的人身安全和财产安全；建立健全的应急处置机制，应对各类突发事件和灾害。

## （三）推进学生就业工作

高等教育管理需要关注学生的就业需求和发展，提供相关的就业指导和服务。通过开展各种形式的招聘会、讲座、职业规划课程等，帮助学生了解就业政策和就业市场情况，提高他们的就业竞争力。

### 1.树立正确的就业观念

正确的就业观念对高校学生来说非常重要。高校学生应该勇敢地承认和接受当前所面临的现实，一切从实际出发，脚踏实地地寻求解决问题的好方法，同时正确理解当前的政策。只有这样，才能准确地把握改革为我们带来的机遇，才能为形成良好的择业心态打下基础。

2.自信乐观

高校学生在择业过程中遇到困难、挫折或委屈是常见的情况，面对这些情况，高校学生一定要自信乐观，相信自己已经做好了充分的准备，要相信自己的能力，同时也应该认识到择业是一个双向选择，要尊重用人单位的决定。要面对现实，充满信心，保持良好的心态。要认识到自己的表现、学习成绩已成定局，但是自己的能力和潜力则是无限的。应该把心思放在如何发挥自己的优势、如何展示自己的能力上，要积极寻找机会，争取得到用人单位的认可。还要重视自己的兴趣和爱好，同时也要考虑职业的前景和发展空间。选择一份适合自己的职业不仅需要考虑自身的条件和需求，同时也需要关注行业的发展趋势和变化。只有在不断调整和适应中，才能够实现自我价值的最大化，并最终走向成功。

# 第三节　高等教育管理数字化

数字化技术可以打破时间和空间的限制，为师生提供更加便捷、高效的学习资源和服务。同时，数字化技术还可以帮助高校实现个性化教学和精准管理，满足不同学生的需求，提高教育质量和效果。

## 一、高等教育管理数字化必要性分析

### （一）满足高校高质量发展需求

高校作为培养未来社会栋梁的重要场所，在推动我国教育教学领域的发展中起到了无可替代的作用。作为知识的殿堂，高校不仅承载着传授知识的使命，更肩负着培养创新能力和综合素质的责任。因此，高校教育管理显得尤为重要，它是一项错综复杂的事务性工程，需要全面考虑学校发展的各个方面。高校教育管理涉及在校学生和教职员工两大群体，人数众多且层次复杂。在校学生作为高等教育的主体，他们的成长与发展直接关系到高校的声誉和人才培养质量。教职员工是高校运转的重要支撑，他们的教育教学水平和科研能力直接影响着学校的教学质量和学术水平。因此，高校教育管理需要关注这两个群体的需求与特点，制定相应的管理策略。

　　然而，传统的高校教育管理模式往往面临着数据信息基数大、工作量大、效率低的问题。随着数字化时代的到来，高校教育管理必须进行改革与创新，以适应时代发展的需求。借助数字化技术，高校可以实现对各类教育资源的整合与优化，提高管理效率和质量。例如，通过构建数字化教学平台，可以实现线上线下教学的无缝衔接，提高学生的学习效果；通过建立数字化管理系统，可以实现对学校各项工作的实时监控和数据分析，为决策提供有力支持。为了推动高校教育管理模式的改革与创新，需要对现有教育管理模式所存在的问题进行深入分析。包括对教育管理理念、管理手段、管理流程等方面的全面审视，找出其中的不足与弊端。同时，积极引入与采用先进的管理理念与模式，如以人为本的管理理念、精细化管理模式等，为高校教育管理注入新的活力。[①]

　　此外，构建符合校本特色及本校发展需求的数字化管理体系也是高校教育管理改革的重要方向。不同高校有着不同的办学特色和发展需求，因此，在构建数字化管理体系时，需要充分考虑本校的实际情况，制定符合自身特点的管理策略。例如，一些高校可以侧重于科研创新能力的培养，构建以科研为主导的数字化管理体系；另一些高校可以注重实践教学和创新创业能力的培养，构建以实践为主导的数字化管理体系。

---

① 许晶.大数据对高等教育管理的影响与优化管理[J].中国成人教育，2016（23）：42-44.

## （二）培养学生适应新技术的能力

在数字化改革创新的大环境下，高校教育管理工作应充分利用数字媒介平台的优势，将其融入传统教育教学方式中。数字媒介平台具有信息传播速度快、互动性强等特点，可以大大提高高校师生的信息获取和共享效率。通过数字媒介平台，可以更加便捷地发布各类通知、课程信息、学习资源等，为师生提供更加丰富多样的学习体验。

同时，数字媒介平台还可以为高校师生提供更为广阔的交流空间。通过在线论坛、社交媒体等渠道，师生可以就学术问题、课程内容、学习方法等进行深入讨论和交流，从而激发更多的思考和灵感。这种开放、包容的交流环境有助于培养学生的创新精神和团队合作能力，提高其综合素质和竞争力。

在数字媒介平台的支持下，应积极引导师生主动参与管理工作。通过搭建师生共治的平台，鼓励学生参与课程设计、教学评价、活动组织等，增强学生的责任感和归属感，提高其自我管理和自我发展的能力。同时，教师的参与也可以为管理工作提供更多的专业意见和建议，促进管理工作的不断完善和优化。

通过数字媒介平台的运用和师生共治的管理方式，可以打破固有的教育时间、场所等局限性，为学生提供更加便捷有效的学习条件。无论是在校园内还是校园外，学生都可以随时随地获取学习资源、参与学术活动。这种灵活多样的学习方式有助于激发学生的学习兴趣和动力，提高其学习效果和满意度。

此外，数字媒介平台还可以帮助学生形成数字化思维。在数字化时代，掌握信息技术和数字化技能已经成为一种必备的能力。通过学习和运用数字媒介平台，学生可以更好地适应信息化社会的发展需求，培养自己的信息素养和创新能力。这种数字化思维不仅有助于学生在未来的工作和生活中应对各种挑战和困难，还可以为其人生价值的实现提供更多的可能性和机遇。

## 二、高等教育管理数字化的优化路径

### （一）深刻体会数字化高等教育管理理念

要想真正发挥大数据技术在高等教育管理中的意义，有效提高数字化高等教育管理与日常高校管理工作的契合性，首要条件是深刻体会数字化高等教育管理的政策、理念。

首先，引导高校管理人员树立在工作时使用数据工作、运用数据分析的理念。这一理念的形成有助于推动高校教育管理工作的现代化和科学化进程。通过运用大数据技术，管理人员可以更加精准地把握学生的学习状态、教师的教学质量以及学校的整体运营情况，从而为制定更加科学、合理的管理策略提供有力支持。在推行大数据观念并培养相关能力的同时，应当注意避免过度依赖数据。虽然数据可以提供客观、准确的信息，帮助我们更好地了解学生和学校的状况，但学生的发展并非仅仅取决于数据所呈现的结果。学生的创造力、直觉、常识等诸多相关因素同样重要，这些因素共同帮助学生理解问题的本质，并找到解决问题的创新方法。因此，高校在运用大数据技术时应将其视为一种辅助工具，而非唯一的决策依据。

其次，对于普通教师和学生来说，培养其对大数据内容进行全面剖析的能力至关重要。通过学习和掌握大数据技术，教师和学生可以更加深入地了解自身在教学和学习过程中的优势和不足，从而有针对性地改进和提升。同时，大数据技术也可以为师生提供更加丰富的教学资源和手段，使数字化管理成为帮助师生日常教学、生活的一种重要资源。此外，高校还应注重培养师生的大数据思维习惯。通过在日常教学和管理中广泛运用大数据技术，使师生逐渐养成用数据说话、用数据决策的习惯，从而进一步提高高校的管理水平和教学质量。

### （二）完善数字化高等教育管理数据信息平台建设

在数据信息平台的建设方面，我国一直在积极探索数字化赋能教育发展的途径，并已取得一定的成效。国家智慧教育公共服务平台的正式开通，不仅为52.9万所学校提供了资源互联互通的便利，更为1844万教师、2.91亿在校生以及广大的社会学习者提供了全方位的服务。[①]这一平台的成功建设，不仅提升了我国教育资源的整合能力，还标志着我国已经建设起世界最大的教育资源中心，展现了我国在数字化教育领域的领先地位。

然而，随着高校信息化服务和架构向云端迁移的不断更新，一些高校在构建信息平台方面逐渐暴露出一些问题。其中，经费不足和管理团队建设滞后成为制约高校信息平台建设的关键因素。为了应对这些挑战，高等教育管理数据信息平台需要通过多种方式和途径进行构建。[②]

首先，高校应该根据自身的资源状况和所在地区的特点来制定学校的发展策略。例如，在数据资源整合方面，高校可以积极利用现有的技术手段，将分散在各个部门、各个系统的数据信息进行有效整合，形成统一的数据资源池。这不仅有助于提高数据的使用效率，还能为学校管理层提供更加全面、准确的数据支持。

其次，数据系统平台的开放性也是高校在构建信息平台时需要考虑的重要因素。为了确保平台的可持续发展，高校应该积极引进或购买成熟的数据分析系统，并利用学校现有的资金和社会资源来推动平台的升级和维护。在引进或购买数据分析系统时，高校需要注意加强学校原有的数据系统与所购买的数据系统之间的兼容性，以确保数据能够在不同系统之间顺畅流通。

最后，高校可以积极寻求与企业合作，共同建立数据平台。这种合作模式不仅可以充分利用各自的优势资源，还能推动高校与企业之间的深度合作和共同发展。

## （三）建立健全数字化高等教育管理保障体系

在数字化时代，高等教育管理保障体系的建设显得愈发重要，它涉及人

---

① 查紫阳.大数据背景下高等教育管理模式改革研究[J].中国高校科技，2017（11）：82-83.

② 祝智庭，胡姣.教育数字化转型的实践逻辑与发展机遇[J].电化教育研究，2022，43（1）：5-15.

员、组织等多个维度的协同共进。为了构建一个高效、完善的管理体系，需要从队伍建设、人才培养、技术应用以及组织建设等多个方面进行深入探讨和实践。

在队伍建设方面，可以组织定期的数字化教育培训，邀请行业专家进行授课，让教师了解最新的数字化技术及其在教育领域的应用。此外，高校还应加强对专门从事学习分析和挖掘教学数据的人才培养。可以通过多种途径实现，如设立相关专业的硕士、博士学位，吸引更多有志于从事该领域研究的优秀人才。为了提升培训效果，高校还可以借鉴国外的先进经验，采用创新的培训方法，如谷歌培训游戏等，以吸引更多学员参与。

在扩大数据分析型技术人才就业空间方面，高校需要和相关企业进行长期高效地合作。通过与企业的紧密合作，高校可以了解企业的实际需求，针对性地培养符合市场需求的大数据技术人才。同时，企业也可以为高校提供实践平台，让学生有机会将所学知识运用到实际工作中，从而提高他们的实践能力和就业竞争力。

除了人员队伍建设外，可以建立跨部门的数字化管理协调机制，加强各部门之间的沟通与协作；加强与科研院所的合作，共同推动数字化技术在高等教育领域的应用与发展。

在注重部门与科研院所自治的同时，也要重视各方相结合的多群体管理方式。包括加强校内外的合作与交流，促进不同学科、不同领域之间的交叉融合；鼓励学生、教师、管理人员等各方共同参与数字化管理保障体系的建设，形成合力推动高等教育数字化转型。

# 第二章　高等教育管理数字化的理论依据

第二章　高等教育管理数字化的

　　高等教育管理数字化的理论依据包括系统理论、学习理论、知识管理与组织变革理论、教育技术理论、管理信息系统理论等。通过利用大数据、人工智能等技术手段，可以个性化地推荐学习资源，精准地评估学生的学习进度和能力，从而提供更符合学生需求的学习支持。知识管理与组织变革理论强调知识的获取、共享和创新在组织管理中的重要性。在高等教育管理数字化中，这意味着要建立起完善的知识库，促进知识的有效传递和应用，同时推动组织结构的变革，以适应数字化时代的需求。教育技术理论则关注于如何利用技术手段提升教学质量和效果。高等教育管理数字化可以利用在线教育平台、虚拟实验室等技术手段，打破时空限制，提供更灵活、更多样的教学方式，从而激发学生的学习兴趣和积极性。管理信息系统理论为高等教育管理数字化的实施提供了技术支撑和解决方案。通过构建高效、稳定的管理信息系统，可以实现对教学、科研、管理等方面的全面监控和数据分析，为决策提供有力支持。

# 第一节　系统理论与学习理论

## 一、系统理论

系统一词，其根源可追溯至古希腊语，其寓意是由多个部分共同构成的整体。这一概念不仅在日常生活中频繁出现，更在诸多学科领域中占据重要位置。关于系统，最经典的定义出自系统理论之父——冯·贝塔朗菲。他提出："系统是由处于一定相互关系中，并与环境发生关系的各组成部分（要素）的总体。"[①]这一定义深刻揭示了系统的核心特征，即内部和外部的复杂、紧密地联系。

在系统中，各种联系或关系，以及这些关系的层次、排列顺序等特征，共同构成了系统的结构。这种结构决定了系统的稳定性和运行方式。同时，系统的内部和外部关系按照一定规律排列组合，所表现出来的特性和能力，便是系统的功能。这些功能使系统能够应对外部环境的变化，实现自身的目标。系统理论方法是一种独特的研究视角，它强调从整体出发，去考察研究对象所构成的系统的功能规律。这种方法不仅关注系统的各个组成部分，更关注这些部分之间的相互作用和关系。通过系统理论方法，我们可以更深入地理解系统的运行机制，寻找最佳的结构配置和处理问题的方法。

---

① [美]冯·贝塔朗菲.一般系统论：基础、发展和应用[M].北京：清华大学出版社，1972：132.

## （一）系统理论的基础

系统论作为一种跨学科的理论框架，其核心思想在于强调整体观念的重要性。这一观念由著名学者贝塔朗菲所强调，他坚信任何研究对象，不论其规模大小，都可以视作一个有机的整体，展现出独特的系统特征。

### 1.系统理论的哲学基础

系统理论作为现代科学的重要分支，其形成的思想基础深厚而广泛，可以追溯到自古至今的诸多哲学理论。这些哲学理论，无论是古典还是现代的，都或多或少地涉及了"系统"或"整体"的论述或言说，从而构成了系统理论的重要思想支撑。在这些思想家中，亚里士多德、黑格尔、马克思和恩格斯等人都对系统理论的形成产生了深远的影响。

亚里士多德作为古希腊的杰出哲学家，其思想中蕴含的整体论观念为系统理论的形成提供了重要启示。他提出的"整体不等于部分之和"的观点，被视为系统理论的经典原则。亚里士多德认为，人们最先认识的是事物的整体，而对于组成事物的元素和本元的认识则存在知识和能力的限制。他进一步指出，作为整体的事物，其内部元素和本元是多样的，组织结构也是多层次、多样态的。因此，将事物作为一个整体来进行研究，能够更好地揭示其内在的本质和规律。

黑格尔的哲学体系同样为系统理论提供了丰富的思想资源。他提出的范畴体系，涉及系统理论的相关论述。黑格尔认为，万事万物都具有相对独立性，但同时也从属于一个更大范围的系统。他以太阳系为例，指出太阳、彗星、月球和行星等天体，虽然各自具有独立的客观存在，但它们之间又相互联系、相互影响，共同构成了一个复杂的系统。

### 2.系统理论的科学基础

在系统理论的研究中，数学发挥着至关重要的作用。它不仅能够帮助科学家们精确地描述和分析系统的结构和功能，还能够为系统的优化和决策提供科学依据。计算机科学的发展也为系统理论的研究提供了重要的支持。计算机的诞生使计算的速度和精度得到了极大的提升，为科学家们处理复杂的数据和模型提供了强有力的工具。计算机还能够帮助科学家们模拟和预测系统的行为，从而更好地理解和控制系统的运行。

值得一提的是，计算机技术的发展还推动了系统理论从对结构的关注转向对功能的关注。传统的系统理论更多地关注系统的结构和组成部分之间的关系，而计算机科学的发展使人们能够更为深入地了解系统的功能和行为。这种转变使系统理论更加贴近实际应用，为解决实际问题提供了更为有效的工具和方法。

## （二）系统理论与教育

在20世纪40年代之前，系统理论虽然已经开始萌芽，但由于其理论框架尚未完善，且缺乏足够的实证研究和应用案例，因此并未能引起科学研究者们的足够重视。作为传统学科的教育学受困于简单性思维，难以取得突破性的进展。

然而，随着时代的进步和科学技术的发展，人们逐渐意识到简单性思维的局限性。20世纪四五十年代，系统理论开始在社会科学领域崭露头角。这一时期，教育领域也开始涉足系统理论的研究，虽然多集中于一般系统理论的引介和初步应用，但已经为后续的深入研究奠定了基础。

20世纪六七十年代，系统科学迎来了蓬勃发展的时期。新的理论流派相继出现，如耗散结构理论、协同理论、超循环论和突变论等。这些理论在相互的批判与促动中不断完善自身，逐渐形成了较为完善的"新三论"系统理论。然而，尽管"新三论"在社会科学领域的应用十分广泛，但在教育领域的研究却相对较少。这可能是因为当时的研究者们尚未建立起自组织理论与教育理论的深层次联系，也可能是因为教育领域对于新兴理论的应用相对滞后。

20世纪80年代以后，系统理论在教育领域的应用也迅速扩展和增长。越来越多的研究者开始关注复杂系统理论在教育中的应用，尝试从整体的视角看待教育系统的构成、特征和发展规律。莫兰认为，教育系统的各个部分之间存在着密切的联系和相互作用，只有通过深入研究这些关系和作用，才能找到改进教育系统的方法和途径。

## 二、学习理论

### （一）行为主义学习理论

#### 1.行为主义学习理论的内涵

行为主义学习理论作为心理学的一个重要流派，自20世纪初在美国兴起以来，便成了心理学界关注的焦点。其代表人物如巴甫洛夫、华生、桑代克、斯金纳等杰出学者，他们的研究为行为主义学习理论奠定了坚实的基础。[1]这一理论主张学习是一个在特定环境刺激下，个体通过反复实践逐渐产生恰当反应的过程，从而实现对知识的获取与技能的掌握。

在行为主义学习理论中，刺激、反应以及二者之间的联系成为影响学习成效的关键因素。例如，当学生在课堂上听讲时，教师的讲解内容、语调、肢体语言等都属于刺激因素，而学生对此作出的反应则表现为听讲状态、笔记记录、思考提问等。[2]通过不断地调整刺激与反应之间的关系，学生可以逐渐适应并优化自己的学习模式，从而提高学习效率。

行为主义学习理论还强调，学习动力主要源于外部的强化。强化可以是正面的，如表扬、奖励等；也可以是负面的，如批评、惩罚等。在学习过程中，适当地强化有助于激发学生的学习动力，促使他们更加积极地投入到学习中去。然而，过度的强化也可能导致学生对学习产生依赖心理，缺乏自主性和创造性。因此，在运用强化手段时，需要把握好度，避免产生负面影响。[3]

除了刺激、反应和强化因素外，行为主义学习理论还关注学习过程中的个体差异。每个学生都具有独特的个性特点和学习风格，因此，在教学过程中，教师应充分了解学生的需求与特点，因材施教，为学生提供个性化的学习支持。同时，教师还应关注学生的情感状态，及时给予关爱与鼓励，帮助

---

[1] 屈林岩. 学习理论的发展与学习创新[J]. 高等教育研究，2008（1）：70-78.

[2] 叶增编. 建构主义学习理论与行为主义、认知主义关键特征之比较[J]. 现代远程教育研究，2006（3）：64-66.

[3] 柴彦威.空间行为与行为空间[M].南京：东南大学出版社，2014：303.

学生建立积极的学习心态。

**2.行为主义学习理论与教育**

在行为主义学习理论的指导下，教育者开始关注学生的外在表现，通过观察和记录学生的行为反应来评估学习效果。他们认为，学习是一个逐步积累的过程，通过不断地刺激和反应，学生能够逐渐建立起正确的行为模式。因此，教育者在教学过程中会采用一系列的方法和手段来引导和促进学生形成良好的行为习惯。设定明确的学习目标，通过奖励和惩罚来强化学生的行为。例如，当学生在课堂上表现出积极的学习态度和行为时，教育者会给予及时的表扬和奖励，以增强学生的自信心和学习动力。相反，当学生出现不良行为时，教育者会采取相应的惩罚措施，以纠正学生的错误行为。注重创设有利于学习的环境。教育者会根据学生的学习特点和需求，设计相应的教学活动和场景，以激发学生的学习兴趣和积极性。例如，教育者可以利用游戏、实验等趣味性强的方式来教授知识，让学生在轻松愉快的氛围中学习和掌握知识，强调了练习的重要性。教育者认为，通过大量的练习和重复，学生可以巩固所学知识，逐渐形成正确的行为反应。因此，教育者在教学过程中会安排适量的练习任务，让学生在实践中不断提高自己的学习能力和水平。

## （二）建构主义学习理论

**1.建构主义学习理论的内涵**

建构主义学习理论作为教育领域的一股重要思潮，得到了众多学者的关注与研究。其中，皮亚杰、布鲁纳和维果茨基等杰出代表，为这一理论的发展作出了重要贡献。建构主义学习理论的核心观点在于，学习并非简单的知识传递与接受，而是一个积极主动的建构过程。它强调学习者通过与环境的互动，不断建构和完善自身的知识体系。

建构主义学习理论主张，学习是学习者在特定情境下，通过与他人的协作、会话，以及对知识单元的经验解释和意义建构，从而实现对知识的内化与掌握。这一理论打破了传统教育观念中"教师教、学生学"的单一模式，

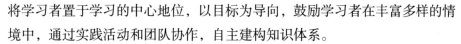

将学习者置于学习的中心地位，以目标为导向，鼓励学习者在丰富多样的情境中，通过实践活动和团队协作，自主建构知识体系。

在建构主义学习理论中，情境、协作、会话和意义建构被视为学习环境的四大要素。情境指的是学习环境的设计，包括物理环境、文化氛围等，旨在激发学习者的学习兴趣和动力。协作则强调学习者之间的相互合作与共同探讨，通过集思广益，实现知识的共享与互补。会话作为学习者之间交流的方式和手段，有助于促进思想的碰撞与融合，推动学习过程的深入发展。意义建构是学习者在建构知识体系的过程中，对知识单元进行经验解释和内部表述，实现知识的内化和应用。

### 2.建构主义学习理论与教育

建构主义学习理论作为一种深刻影响现代教育理念的理论体系，其核心观点在于强调学习者在知识获取过程中的主动性和建构性。在教育的实践中，建构主义学习理论为我们提供了全新的视角和方法，有助于我们更好地理解和应对教育过程中的种种挑战。

首先，建构主义学习理论强调学习者在知识建构中的主体地位。传统教育观念往往将知识视为一种客观存在，通过教师的传授灌输给学生。然而，建构主义学习理论认为，知识并非简单地传递和接受，而是学习者在已有经验的基础上，通过与环境的相互作用，主动建构新的认知结构的过程。这一观念强调了学习者的主动性，要求我们在教育过程中尊重学习者的主体地位，激发其学习兴趣和动力。

其次，建构主义学习理论注重学习情境的设计。建构主义认为，学习是在一定的社会文化背景下进行的，情境对于学习的效果具有重要影响。因此，在教育实践中应当注重创设有利于学习者建构知识的情境，使学习者能够在真实的、有意义的情境中进行学习。这不仅可以提高学习者的学习兴趣和参与度，还有助于培养其解决实际问题的能力。

## （三）人本主义学习理论

人本主义学习理论是在20世纪60年代初，继建构主义学习理论之后逐渐崭露头角的一种重要学习理论。这一理论在学术界和教育领域产生了广泛的影响，并成为现代教育理念的重要组成部分。人本主义学习理论强调学习不仅是知识的获取，更是认知与情感相结合的整个精神世界的活动。它主要代表人物有罗杰斯和马斯洛，他们的思想为人本主义学习理论的发展奠定了坚实的基础。[①]

在人本主义学习理论中，情感和认知被视为学习过程中不可或缺的有机组成部分。学习并非单纯的认知过程，而是伴随着情感变化的复杂活动。情感和认知在学习过程中相互交织、相互影响，共同推动着学习者的成长与发展。因此，人本主义学习理论强调关注学习者的情感状态，培养他们的学习兴趣和动机，以促进学习效果的提升。[②]为了更好地阐述人本主义学习理论，可以举一些具体的例子。例如，在教育实践中，教师可以通过设计丰富多样的教学活动，引导学生积极参与、主动探索，从而培养他们的学习兴趣和自主学习能力。同时，教师还应关注学生的情感变化，及时给予鼓励和支持，帮助学生建立自信、克服困难。

人本主义学习理论还强调学习过程中的自我评价和反思。学习者通过自我评价和反思，可以更加清晰地认识到自己的优点和不足，从而有针对性地调整学习策略和方法，提高学习效果。这种自我评价和反思的能力也是人本主义学习理论所倡导的重要素质之一。

### 1.人本化管理内涵

人本化管理要遵循"以人为本"的原则。人作为一种生物，有着自己的思维与选择，不是简单地由外界意识或力量所控制的。人本化管理主张一切为了人，一切依靠人，管理并不是制订规则而是要重视人的需求，以鼓励为主，实现人的全面发展目标。学校采用人本化管理模式开展学生管理工作要以促进学生全面发展为出发点，重视学生个体化差异，因材施教。在管理的

---

① 朱亮，顾柏平.人本主义理论视阈下大学生专业兴趣、深度学习与学习效果的关系研究——基于 N校学习投入度调查结果分析[J].中国成人教育，2018（16）：66-70.

② 陈磊，王琳.人本主义理论下高校学生自主学习能力的培养[J].文学教育（下），2019（12）：74-75.

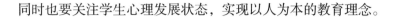

同时也要关注学生心理发展状态，实现以人为本的教育理念。

2.人本化管理模式在教育管理工作中应用的意义

在学生生活方面，传统管理模式主要依靠规章制度和赏罚规则实现对学生的约束控制，管理手段简单粗暴，管理效率较高。但这种缺少人情味、机械化的管理模式易引发学生的抵触叛逆心理，不利于学生个性化发展。相比于传统管理模式，人本化管理模式更加注重学生的个人心理素质发展，尊重学生内心需求，不以强制手段管理学生，使学生成为校园管理的主人，能够激发学生自我约束的动力。这种人性化的管理手段能够增强学生管理工作的灵活性，提高学生对管理工作的接受程度。人本化管理模式的应用可以培养学生的自我管理能力，教师给予学生信任，学生在生活中也会以较高的标准要求自己，有利于学生良好品质的培养，营造和谐的生活氛围。

在学生学习方面，人本化管理模式要求教师尊重学生个性化发展，对学生进行有针对性地教育，遵循因材施教的教育理念。不论学生学习能力如何，都可以在学习中有所收获，学生在学习时感受到尊重，学习积极性和学习兴趣才会提升。尊重学生个性化发展可以帮助学生积极参与课堂，提升课堂效率。在良好的学习环境中，学生学习自信心得以树立，学习自主性得到增强，学生学习成绩得以提高，教师教学目标也可以高效达成。

具体来讲，在人本化管理模式下，学校充分给予学生自由成长的空间，校园氛围轻松，管理方式多样化，学生能在快乐的情绪中学习生活。人本化管理有助于学生树立正确的人生观、价值观，有利于促进学生全面发展。

3.人本化管理模式在教育管理工作中应用的策略

在人本化管理模式下，学校应对教师进行人本化管理培训，让教师深入了解人本化管理的内涵，结合学生需求进行管理工作；学校应充分尊重学生需求，积极开展素质教育，为学生的全面发展打下基础；学校应制订人本化管理制度，为实现以人为本的管理模式提供制度保障。

第一，加强教师队伍建设，保障管理主体水平。在学生管理工作中应用人本化管理模式，应提高教师素质水平，使其对人本化管理模式有一定了解，切实树立"以人为本"的管理理念，深入了解学生内心需求；要提升教师教育教学技能，高超的教学手段有利于提高教师在学生心目中的地位，提高管理工作的信服度；应提高教师心理辅导能力，使其能够及时掌握学生的心理动态，拉近师生之间的距离，促进学生身心健康成长。总之，教师队伍水平越高，学生管理工作质量越能得到保障。

第二，尊重学生个性化需求，提高管理客体接受度。在学生管理工作中应用人本化管理模式，需要管理者站在学生的角度思考问题，了解学生的意愿和需求。义务教育阶段的学生处于人生中的启蒙时期，自我约束能力相对较差，需要学校对其进行引导教育。但由于学生具有个性化差异，不同学生的内在需求存在较大差别，因此教师应切实了解每位学生的具体需求，制订有针对性的计划，真正帮助孩子解决问题，促进孩子全面发展。这样的管理方式有利于赢得学生的尊重，使其更配合教师的管理工作，为学生管理工作良性发展奠定了基础。

第三，优化管理制度，打造人本管理工具。在学生管理工作中应用人本化管理模式，管理制度优化是前提。以往的管理制度大多为束缚式条款，充斥着"禁止、不准、不能"等字眼，容易引起学生的反感。人本化管理制度的制订应充分吸取学生建议，重视引导性原则，以促进学生综合素养提升为目标，改变以往单一的成绩导向。这样的管理制度能最大限度提高学生的接受度，同时营造轻松愉悦的校园氛围，有利于学生管理工作高质量发展。

4.人本化管理模式在教育管理工作中应用的实践

以苏州市 A 学校为例，原有课程设置偏向应试化教育，教师在教学中依然采取"填鸭式"教学方法，学生被动接受教师传授的知识，思维能力得不到锻炼，缺少学习自主性。同时，学校对学生的课余时间要求也较严格，学生在休息时间无法得到真正放松，在学校中的压力较大，学生无法快乐成长。在此背景下，学校将人本化管理模式引入学生管理工作中，取得了较好的效果。一方面，在课堂导入环节，教师时刻牢记学生教育主体地位，结合学生生活经验创设教学情境，激发学生学习兴趣；在课堂教学环节，遵循循序渐进原则进行问题设计，降低学生理解难度，增强学生自信心，让学生都能参与到课堂互动中；在作业布置环节，将学生合理分层布置差异化作业，减少学生学习压力，让学生在学习中得到尊重。这样的人本化课堂组织形式有利于提高教师课堂教学效率及教学质量、激发学生的学习积极性和学习兴趣。另一方面，在学生课余时间，学校给予学生充分的自由成长空间，在合理范围内，让学生自行制订班级制度规定，学生对于亲自参与的规定理解更加全面，有利于培养学生的自我管理能力。同时，学生还可以自行组织活动，学校为学生提供展示平台，学生在活动中可以锻炼解决问题的能力与统筹规划能力，并提高学生交流与语言表达能力，有助于学生建立友谊、培养团结协作意识。学生在人本化管理模式下实现了快乐成长，学校也落实了立德树人教育要求，推进素质教育工作有效开展。

综上所述，当前学生管理工作依然面临较多挑战，需要学校从管理主体、管理对象、管理工具三方面作出优化。人本化管理模式的应用有利于获得学生的支持与理解，能更好地提高管理成效，也有利于培养全面发展的高品质学生。

# 第二节　知识管理与组织变革理论

在当今时代，知识已经成为企业的核心资源，并且是组织创造价值的核心资产。因此，企业在实施知识管理战略时必须根据知识的特性和成长机制来不断调整和优化其组织结构。随着科技的飞速发展，知识已成为企业竞争优势的关键所在。通过有效地管理知识，企业能够提升创新能力、优化决策过程、提高运营效率，从而实现可持续发展。因此，知识管理战略已经成为企业不可或缺的一部分。然而，知识管理战略的实施并非易事。它需要企业根据自身特点，结合知识的特性和成长机制，制定出一套切实可行的方案。

# 一、知识管理与组织变革理论解读

## （一）知识管理对传统组织结构的挑战

知识管理在现代企业中占据着举足轻重的地位，它不仅是组织管理者的一项关键任务，更是提升组织创造价值能力的重要手段与过程。知识管理涉及对组织内部和外部知识的有效整合、利用与共享，旨在通过知识的积累、传播和创新，为企业创造更大的竞争优势。

组织结构作为企业对工作任务进行分工、分组和协调合作的方式，对组织功能的发挥具有至关重要的影响。一个合理的组织结构能够确保企业资源的优化配置，提高员工的工作效率和满意度，从而推动企业的稳定发展。然而，随着知识经济的兴起和知识管理的日益重视，传统的组织结构已经逐渐显露出其局限性，正面临着巨大的挑战。

### 1.知识具有交换性和共享增值性

从传统的角度来看，知识无疑是人们对自然和社会过程的认识和理解的积累，它是一种无形的财富，具有公共性，可以被广大人群共享和使用。然而，随着人类经济社会的快速发展和知识化进程的加速，知识的内涵和属性也在发生深刻的变化。

一方面，知识在现代社会中逐渐成了越来越重要的公共资源。它是推动社会进步、科技创新、经济发展的关键要素，对于提升国家竞争力、改善民生福祉具有不可替代的作用。同时，知识的获取和传播也越来越便捷，互联网、大数据、人工智能等现代信息技术的快速发展，使知识的共享和使用变得更加高效和广泛。另一方面，知识也逐渐演变为一种依赖于高风险巨额投入和复杂建制的社会化产品。在知识创新和应用的过程中，往往需要大量的资金、人力和时间投入，同时还需要建立起相应的组织架构、制度规范和合作机制，以确保知识的有效产出和应用。这种社会化的知识产品，既具有公共性，又具有私有性，其交换和使用的规则也更为复杂和多元。

知识的双重属性使大部分知识逐渐演变为具有交换性的准公共产品。在市场中，知识可以通过专利、版权等知识产权形式进行交易和转让，实现其经济价值的最大化。同时，政府和社会组织也可以通过政策引导、资金支持等方式，促进知识的共享和传播，以推动社会公共利益的最大化。

### 2.知识管理的对象是知识的载体

在知识经济的时代背景下，知识管理已经成为企业持续发展的重要保障。在知识管理中，企业不仅重视知识的获取和积累，更强调如何有效地利用人才的知识资源，从而保持竞争优势。心理成熟、一专多能的知识员工，正逐渐取代传统的普通操作工人，成为企业知识管理的主要对象和核心力量。

在知识管理的实践中，管理的关键问题不再是单纯提高员工的工作速度，而是如何有效地激励员工持续学习，充分发挥其现有的和潜在的创造力。这种创造力不仅是知识员工个人价值的体现，更是企业持续创新和发展的源泉。因此，企业需要深入了解知识员工的成长需求和发展动力，为他们提供更具挑战性的工作和继续学习的机会，以激发他们的积极性和创造力。

从知识员工的角度来看，他们最看重的不仅仅是薪酬和福利，更重要的是个体成长、工作自主、业务成就以及财富的公平分配。这意味着企业需要在激励机制上做出创新，通过构建公平合理的薪酬体系、提供多样化的职业发展路径、建立开放包容的工作氛围等方式，满足知识员工的需求和期望。

为了满足知识员工的激励需求，企业需要建立一种结构制度和组织氛围。包括完善的知识管理体系、有效的沟通机制、灵活的工作安排以及公平的绩效评估等。同时，企业还需要为知识员工提供具有挑战性的工作任务，让他们在实践中不断学习和成长。企业还应保证知识员工在企业内部享有一定的身份和地位，使他们感受到自己的价值和归属感。

### 3.知识管理面临千变万化的环境

在知识经济时代，我们所面临的环境日益复杂且变化迅速，这对组织结构设计提出了严峻的挑战。在这样的背景下，企业在进行组织结构设计时，必须充分考察环境的稳定性、复杂性和环境容量这三个关键因素。

随着社会经济生活的动荡和科学技术的加速发展，企业面临着越来越多的不确定性，使企业很难对各种决策的未来结果进行准确预测。因此，企业需要构建一个具有相当快速应变能力的决策系统，帮助企业在面对突发情况时迅速作出反应，从而抓住机遇或化解危机。例如，一些互联网企业通过采用敏捷开发的方法，使团队能够快速响应市场变化，不断迭代和优化产品，从而保持竞争优势。

在异质性环境中，企业需要增强组织对环境中大量因素变化的感知能力和随时调整的能力。这意味着企业需要构建一个更加灵活和适应性强的组织结构。可以通过提高一线知识员工的决策参与程度来实现。一线员工直接接触市场和客户，他们对市场的变化和客户的需求有着更加敏锐地感知。因此，让一线员工参与到决策过程中来，能够增强组织的灵活性和适应性。例如，一些制造业企业通过实施员工建议制度，鼓励员工提出改进生产的建议和意见，从而实现了生产过程的持续优化和效率提升。

## （二）传统的科层制组织结构已成为知识管理的桎梏

在组织对环境变化的反应方面，科层制组织显得尤为迟钝。由于层级过多和决策权过于集中，组织在面对突如其来的变化时往往无法迅速作出反应。这种缺乏灵活性和适应性的组织结构，使组织在激烈的市场竞争中处于不利地位。

在组织的自学方面，传统组织也表现出明显的不足。由于缺乏学习和创新氛围，组织往往无法有效激发知识员工的积极性和创造力。同时，过于细化的专业分工和僵化的部门制命令链也限制了员工的视野和思维，使他们难以跳出自己的岗位和部门，从全局角度思考问题。这种局限性不仅影响了组织的知识积累和创新能力，也限制了组织的长期发展。

为了克服古典组织结构理论的局限性，现代组织开始尝试引入更加灵活和适应性强的组织结构模式。例如，扁平化组织结构、网络组织结构等新型组织形态逐渐兴起。这些新型组织结构强调团队合作、信息共享和快速响应，能够更好地适应快速变化的市场环境和知识经济的发展需求。

## （三）基于知识管理的组织结构设计原则

### 1.以核心能力为中心的原则

彼得F.德鲁克作为管理学的奠基人之一，曾提出了一系列具有深远影响的管理理论。其中，他关于现代经营理论应建立在"组织环境—特殊使命—核心能力"这一连串的假设之上的观点，无疑为我们理解和塑造现代企业提供了有力的指导。[①]从这一观点出发，核心能力已经不仅仅是企业的一种内在特质，而是成为确立竞争优势的基石。

核心能力，简而言之，就是企业在长期经营过程中形成的、独特的、难以被其他企业复制和替代的能力。它可能源自企业的技术优势、品牌优势、市场渠道优势等多个方面，是企业保持竞争优势的关键所在。

德鲁克认为，现代企业的经营理论必须紧密围绕组织环境、特殊使命和核心能力这三个核心要素展开。组织环境指的是企业所处的外部市场环境、行业环境、政策环境等；特殊使命是指企业在这些环境中所承担的独特角色和职责；核心能力则是企业实现特殊使命的关键能力。

在这样一个理论框架下，核心能力的重要性不言而喻。它不仅是企业应对外部环境变化、实现特殊使命的保障，更是企业在激烈的市场竞争中保持领先地位的关键。

德鲁克关于现代经营理论应建立在"组织环境—特殊使命—核心能力"这一连串的假设上的观点为我们提供了深刻的启示。在现代企业中，核心能力已经成为确立竞争优势的基础，组织的设计应以核心能力为中心，确保组织的结构有利于核心能力的获取与保持，同时也有利于核心能力的发挥。通过不断挖掘和培养核心能力，企业可以在激烈的市场竞争中保持领先地位，实现持续的发展和增长。

### 2.知识价值最大化原则

在当今这个信息化、知识密集的时代，知识已经成为组织运作最为关键

---

① [美] 彼得F.德鲁克.知识管理[M].北京：中国人民大学出版社，1999：156.

的资源。无论是企业、机构还是团队，都需要通过有效的管理和利用知识，才能在激烈的竞争中脱颖而出。因此，组织设计就必须充分考虑到知识的价值能否得到有效实现，以及能否将知识的潜能最大地发挥出来。

知识价值不仅体现在知识的本身，更体现在知识对组织发展、业务创新和市场竞争等方面的推动作用。只有当知识能够在组织中得以充分共享、交流和应用时，其价值才能实现最大化。为了实现知识价值的最大化，组织设计需要从多个方面入手。

首先，组织需要构建一个良好的知识共享平台，鼓励员工积极参与知识分享和交流。通过搭建内部论坛、定期举办知识分享会等形式，促进员工之间的知识传递和碰撞，从而激发更多的创新灵感。

其次，组织需要建立有效的知识管理机制。包括知识的获取、整理、存储和应用等方面。通过定期收集并整理员工的业务知识、行业趋势以及市场动态等，形成一套系统的知识库，以便员工随时查阅和学习。同时，组织还需要建立知识应用的激励机制，鼓励员工将所学知识应用到实际工作中，提高工作效率和质量。

组织还需要注重知识的创新和转化。在知识共享和管理的基础上，组织需要鼓励员工不断探索新的领域、尝试新的方法，从而创造出更多的新知识。同时，组织还需要将知识转化为实际的生产力，通过知识的应用和创新推动组织的持续发展。

### 3.最少层级原则

传统组织一直以来都以其独特的官僚层级制度作为其基本特征之一。这种制度在组织结构中形成了明显的层级划分，每一层级都有其特定的职责和权力范围。然而，随着时代的变迁和市场竞争的加剧，层次过多的官僚层级制度逐渐暴露出了一些问题，其中最主要的问题便是降低了组织的灵活性和影响了员工的创造力。官僚层级制度下的组织往往存在着信息流动不畅和决策速度缓慢等问题。由于层级过多，信息在传递过程中容易失真或被遗漏，导致上层管理者难以获取准确、及时的基层信息。同时，决策过程也往往因为需要经过多个层级的审核和批准变得缓慢而烦琐。这不仅影响了组织的市场响应速度，还可能导致错失市场机遇。为了解决这些问题，越来越多的组织开始尝试减少管理层次，使组织结构尽可能扁平化。扁平化组织结构的优点在于，它减少了层级之间的信息传递障碍，使信息能够更加迅速、准确地流通。同时，扁平化结构也赋予了知识员工更多的现场处置权，使他们能够根据实际情况做出更加灵活和创新的决策。

## （四）基于知识管理的组织结构设计思路

### 1.组织的柔性化

在实施柔性化组织的过程中，企业可以采取多种实施方案。这些方案并不局限于某种固定的组织结构形式，而是根据企业的实际情况和需求进行灵活调整。具体来说，团队的类型主要有两种：一种是工作团队，通常是长期性的，负责承担企业日常运营中的某项具体任务；另一种是专案团队，成员主要来自公司各部门的专业人员，为解决某一特定问题而组织在一起，通常在问题解决后即告解散。这种专案团队的方式能够集中优势资源，快速响应市场需求，提高解决问题的效率。

在实施团队工作方式时，企业需要注重团队建设和培训。通过加强团队成员之间的沟通和协作，提高团队的整体素质和执行力，从而确保柔性化组织的顺利实施。企业还需要建立有效的激励机制，鼓励员工积极参与团队工作，发挥个人潜力，为企业的创新发展贡献力量。

### 2.组织的内部市场化

在当今这个信息爆炸的时代，知识工作者扮演着越来越重要的角色。他们凭借丰富的专业知识和独到的见解，成为组织决策和创新的关键力量。然而，要使这些知识工作者能够充分发挥其潜力，就必须对组织的内部结构进行深入的改革和再造。

为了使拥有专业知识的知识工作者具有相关的决策权，需要打破传统的管理模式，实现知识与权力的有机结合。这样做不仅能够降低信息和知识传递的成本，还能够使这些资源得到及时而有效地利用。为此，必须对组织的内部结构进行深刻的再造，以适应新的时代需求。

组织内部结构再造的关键在于引入分权机制。分权机制有助于打破原有的权力结构，使知识工作者能够参与到决策过程中来，从而提高决策的质量和效率。然而，分权并不意味着无限制地放权，而是需要在权力与责任之间找到一个平衡点。

为了实现这一平衡，需要建立一种与利益挂钩的分权机制，即内部市场。内部市场将权利与利益紧密地联系在一起，使组织系统具有物质内聚力。在这种体制下，知识工作者所掌握的专业知识不再仅仅是一种无形的资源，而是成为一种有价值的商品，可以参与到交易中来。

通过内部市场的建立，知识工作者因其拥有的专业知识而获得了部分决策权。这种决策权与其绩效实现紧密相关，进一步激发了他们的工作热情和创新能力。同时，知识工作者还可以通过股权和剩余索取权等方式，分享组织发展的成果，从而实现个人利益与组织利益的共同增长。

内部市场的建立不仅打破了原有管理方式中金字塔式的等级制度，还使组织模式转向由管理信息系统支持的柔性化网络结构。这种结构具有自组织特征，能够根据环境的变化和组织的需要进行灵活的调整。它不再依赖于传统的层级管理，而是通过信息共享和协作来推动组织的创新和发展。

内部知识联盟作为这种柔性化网络结构的核心，旨在通过学习和创新来提升组织的竞争力。通过分权机制，赋予了知识工作者更多的决策权，使他们能够更好地发挥自己的专业知识和技能。然而，分权并不意味着放任自流，还需要通过一系列的管理措施，确保知识工作者在行使决策权的过程中能够遵守组织的规章制度，维护组织的整体利益。

### 3.组织边界的模糊化

知识的创造与共享是一项复杂而富有深度的活动，它不仅是企业内部各个部门之间简单的沟通与协作，更是企业与供应商、企业与客户之间有序竞争与互利合作的过程。从这种意义上来说，知识管理具有跨部门、跨企业、跨行业乃至跨国家的鲜明特点。在企业内部，不同的成员之间因为任务的需要可以随时进行组合，形成一个灵活多变的工作团队。这种组合不仅能够充分发挥每个成员的专业知识和能力，还能够通过集体智慧来解决复杂的问题。同时，借助信息网络技术，企业可以实施知识开发、产品设计和营销策

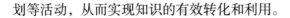

划等活动，从而实现知识的有效转化和利用。

### 4.组织的学习化

学习型组织以其独特的创造、获取和传递知识的能力，在现代企业中占据着重要的地位。它不仅能够熟练地掌握这些技能，更能够灵活地调整自身行为，以适应新的知识和见解。因此，倡导组织学习和建立学习型组织，已然成为成功实施知识管理的必要条件。

学习型组织的核心在于其共同愿望。这种愿望并非简单的目标设定，而是组织内部成员对于实现某种目标的共同追求。这种追求促使他们进行一种"创造型的学习"，主动对业务活动进行反思，对新思想进行尝试和实验，从而获取新知识。这种学习方式不仅提高了员工的个人能力，更为组织的创新和发展提供了源源不断的动力。

学习型组织还鼓励在实践中学习，即"干中学"的理念。它强调在实践中不断积累经验，通过实际操作来加深对知识的理解和掌握。这种学习方式使员工能够更好地将理论知识与实际操作相结合，提高工作效率，同时也为组织带来了更多的创新机会。

相比之下，传统的组织在知识传播方面往往面临着诸多障碍。其中，知识垄断是一个重要的问题。在传统组织中，知识的传播往往受到层级结构的限制，导致许多有价值的知识无法得到有效传播和利用。学习型组织则打破了这种层级限制，使知识能够在组织内部自由流动和共享。

## 二、知识管理与组织变革理论影响下的高等教育管理

在知识管理与组织变革理论的双重推动下，高等教育管理正经历着一场深刻的变革。这场变革不仅重塑了高校的管理体系和教育教学模式，更深刻地影响了教育的理念、师生的角色定位，以及整个高等教育的未来发展方向。

随着知识体系日趋庞大且复杂，高效的知识管理已经成为高等教育管理

的核心任务之一。高校需要建立起一套完善的知识管理系统，以有效地整合和共享各类教育资源、科研成果以及教学经验。这一系统不仅能够促进不同学科之间的交叉融合，激发创新的火花，还能提升教学质量，推动学科发展。在实际操作中，高校可以通过建设数字化图书馆、在线课程平台等方式，实现知识资源的数字化和网络化。同时，高校还可以开展跨学科的研究项目，鼓励教师之间的交流与合作，推动知识在不同领域之间的传播和应用。此外，高校还可以通过与企业、科研机构等合作，将知识成果转化为实际应用，服务于社会经济发展。

组织变革理论为高等教育管理提供了宝贵的启示和指导。高校作为一个复杂的组织系统，需要不断地进行内部优化和外部适应，以应对日益变化的教育需求和社会环境。在组织变革理论的指导下，高校可以更加清晰地认识到自身的优势和不足，制定出更加科学、合理的发展战略。具体而言，高校可以通过优化组织结构、改进管理流程、提升师生参与度等方式，推动组织的持续发展。例如，高校可以建立更加扁平化的组织结构，减少层级和决策链条，提高决策效率和响应速度。同时，高校还可以加强师生之间的沟通和交流，鼓励师生共同参与管理决策，提高组织的凝聚力和向心力。

在知识管理与组织变革理论的共同影响下，高等教育管理正逐步走向一个更加开放、创新、高效的新时代。未来，高校将继续深化内部管理改革，提升教育质量，培养更多具有创新精神和实践能力的人才。同时，高校还将积极应对外部环境的变化和挑战，加强与外部世界的联系和合作，为社会主义文化的繁荣和发展作出更大的贡献。

# 第三节　教育技术理论与管理信息系统理论

## 一、教育技术理论

### （一）教育技术的内涵

1.教育的内涵

"教育"这一词汇具有深远的意义和丰富的内涵，它不仅仅是一个简单的概念，而是一个多维、复杂且广泛的概念，它涵盖了人类社会中关于知识、技能和价值观传递的各个方面。

首先，教育具有全面性，它不仅是知识和技能的简单传递，更是个体综合素质培养的关键路径。在教育的过程中，不仅要注重知识的传授，更要注重培养学生的批判性思维、创新能力以及社会和文化认同感。这种全面的教育理念有助于培养出具备独立思考、解决问题的能力以及良好道德品质的新时代青年。

其次，教育具有多样性。在不同的文化和历史背景下，教育形态呈现出显著的差异。例如，在原始社会，教育并不依赖于现代意义上的学校体系，而是通过师徒制度，即与"长者"建立对话关系，来对年轻一代进行文化熏陶。这种教育模式关注的是对年轻一代的全面发展，包括生产技能的培养、文化身份的认同以及价值观的传承等方面。

2.技术的含义

对话理论（Dialogic Theory）为"技术"这一术语提供了深刻而多维的

诠释。这个理论源自希腊语的"dia",意味着"跨越",它不仅揭示了"对话理论"与"逻辑理论"之间的界限,更向我们展示了理性构建的动态过程,这一过程依赖于不同声音和视角之间的交流与碰撞。在对话理论的框架下,理性不再是一个静态、固定的概念,而是在特定语境中通过交流和对话不断构建和赋予关键事物以独特的差异化意义。

在教育领域,教育技术这一术语承载着丰富的内涵。它指代一切能够辅助教学活动的工具和方法。然而,随着时代的进步和科技的发展,现代教育技术特指那些信息化、数字化和智能化的设备、软件及其支持系统。这些现代技术工具与传统的教学媒介如笔、纸、黑板等形成了鲜明的对比,为教学活动带来了前所未有的变革。值得注意的是,"techné"作为"技术"的词根,原本指的是手工艺和技能,涵盖了陶艺、编织、音乐创作等多个领域。这一词根的内涵表明,教学方法和课程设计同样可以视为教育技术的一部分。它们同样需要技巧、创造力和艺术感,以便更有效地传授知识、培养能力和塑造人格。

## (二)对话式教育技术理论

教育者可以运用各种教育技术工具来支持对话式学习。例如,利用在线协作平台促进学习者之间的交流和合作;利用虚拟现实技术为学习者提供沉浸式的学习体验;利用人工智能技术进行智能推荐和个性化学习路径规划等。这些技术的应用将有助于构建更加开放、多元和富有创新性的学习环境。此外,教育者还需要关注学习者的需求和发展特点,为他们提供有针对性地支持和引导。例如,对于缺乏自信的学习者,教育者可以通过鼓励和引导帮助他们积极参与对话;对于思维较为局限的学习者,教育者可以通过提供多元化的资源和观点来拓宽他们的思维视野。

### 1.教育技术与联通性

联通主义作为一种学习理论,虽然在一定程度上揭示了学习的网络特性,但其本体论的简约性也显露出其局限性。联通主义强调学习是一个基于节点和链接构成的体系,然而,教育的内涵远非仅仅局限于网络的形成。教育并非只是知识和信息的传递，更多的是发生在个体的意识层面，涉及个体对世界的认知、理解和体验。

在这样的背景下，对话式教育应运而生。对话式教育强调学习者如何通过与不同声音的交流和互动，不断丰富和完善个人的认知结构。对话式教育不仅关注知识的获取，更关注学习者在对话过程中的成长与变化。它旨在充分发挥联通网络在促进知识分享与情感沟通方面的潜能，将联通网络转化为对话空间，从而拓展个体间以及个体与技术间的对话价值。

通过与他人的对话和交流，个体不断拓展自我意识，形成更具对话性的自我。这里的"自我"不再是一个静态的实体，而是一个动态的、持续对话的过程。在这个过程中，个体不断反思、调整和完善自己的认知结构，从而实现个人的成长与进步。同时，对话式教育也促进了集体智慧的形成。在对话空间中，不同观点相互碰撞、交融，形成新的思想和见解。这种集体智慧不仅有助于解决复杂问题，还能够推动知识的创新和发展。因此，对话式教育不仅关注个体的成长，也注重集体的进步与发展。

### 2.教育技术与参与性

在对话的深层次，个体内在认知的转变与发展同样不容忽视。在实际的教育实践中，教育技术的设计与应用往往侧重于对话的表面形式，如教学平台的构建、在线课程的开展等。然而，这种关注形式而忽视内容的做法可能导致对话的质量下降，甚至影响学生的全面发展。因此，教育技术的设计者和实践者必须深入关注对话空间内的话语内容及其深层含义。

在技术层面，创建具体的对话平台是维持并加强这些对话的有效手段。这些平台，如维基、网络论坛等核心网站，能够汇集具有不同观点的人员，为他们提供一个自由交流、相互学习的空间。尤其是新一代生成性人工智能技术的应用为对话平台的构建提供了更强大的支持。这些技术能够根据多样化的观点自动生成新的问题和话题，从而丰富和扩展对话内容。

### 3.教育技术与时间维度的扩展

在传统教育体系中，我们往往被灌输一种观念，那就是历史背景下形成的观点具有永恒不变的真理性。然而，这种看法实则是片面的。事实上，这些所谓的"真理"更多的是特定历史时期下的共识或认知，它们并非一成不变，而是随着时代的变迁而不断演进。因此，教育的真正目标不应仅仅是向学生灌输这些共识或认知，而应鼓励学生积极投身其中，进行深入思考、质疑和创新。这一过程并非简单的知识传递，而是一个涉及多个维度的复杂过程。一方面，需要将共识或正确认知应用于具体事件的验证中，这一过程可以视为降维过程，即将抽象的理念转化为具体实践中的应用。另一方面，还需要从实践中吸取经验，不断发展这些共识或认知，以推动文化对话的不断继承与发展，这可以被视为升维过程。

兰克（Lemke，2000）在其研究中提出，有效的教育应当构建"异时性"桥梁，以连接短暂的面对面对话和更为持久的文化对话的不同时间维度。[①]这种桥梁的建立有助于我们跨越时空的限制，将不同时间点的知识和观念相互融合，从而推动知识的创新和进步。

韦格里夫等（Wertsch & Kazak，2011）将这一过程形象地比喻为教育中的"滑雪升降机"。他们指出，教育就像是一个滑雪升降机，将学生从具体的情境和事件中提升至抽象的概念和理论层面。在这一过程中，学生不仅能够学习到具体的知识和技能，还能够理解这些知识和技能背后的更深层次的意义和价值。

总之，教育的目标不仅是向学生传授既定的知识和观念，更应鼓励他们积极投身其中进行深入思考、质疑和创新。通过构建异质性桥梁、利用教育技术促进不同时间层面对话的交互与融合以及发挥教师的引导作用等方式，可以帮助学生更好地理解历史和其他学科领域的知识体系，并推动知识的不断创新和发展。

---

[①] Lemke, J.L. Across the scales of time: Artifacts, activities, and meanings in ecosocial systems[J]. Mind, Culture, and Activity, 2000, 7（4）: 273-290.

## 二、管理信息系统理论

### （一）管理信息系统溯源

管理信息系统（Management Information System，MIS）的起源可追溯至20世纪70年代的美国。在那个时代，随着企业规模的扩大和业务的复杂化，对信息处理的需求日益迫切。MIS作为一种能够整合、存储、处理和分析各类信息的系统，开始受到广泛关注。然而，真正的快速发展始于20世纪80年代，得益于微机的普及和网络技术的飞速发展。

在20世纪80年代，微机的出现使信息处理更加便捷，而网络技术的迅猛发展则为信息的快速传递和共享提供了可能。这种技术革新为MIS的发展提供了强大的动力。很快，MIS的理念和技术传入我国，引发了企事业单位对MIS的热烈追捧。

### （二）管理信息系统与高校教育管理

1.信息化管理的实践

（1）学生信息管理系统

通过建立学生信息管理系统，实现学生基本信息的全面管理和动态更新。系统包括基本信息、学籍信息、成绩信息、奖惩信息等模块，方便管理人员随时查询和更新学生信息。

（2）课程管理系统

通过建立课程管理系统，实现课程的全面管理和动态更新。系统包括课程基本信息、任课教师信息、选课学生信息等模块，方便管理人员随时查询和更新课程信息。

（3）成绩管理系统

通过建立成绩管理系统，可实现学生成绩的全面管理和动态更新，同时能够对学生的学业情况进行监测和分析，为教学质量的提升提供数据支持。系统包括成绩录入、成绩查询、成绩分析等模块方便管理人员和学生查询和分析成绩信息。

（4）数字化教学资源平台

通过建立数字化教学资源平台，可以实现优质教学资源的共享和共建，为教师提供便捷的教学资源制作和发布途径，为学生提供自主学习的学习环境和资源支持，同时也能够促进学校与企事业之间的合作与交流，实现资源共享多方共赢的良好局面。系统包括资源上传与管理、资源分类与检索、资源浏览与下载等模块。

（5）智能化教务管理系统

通过借助物联网技术，构建智能化教务管理系统，实现排课自动化和管理信息化，减少人工干预，降低出错率，提高教务管理的效率和水平。系统包括智能排课、智能考试、智能考勤等模块，从而为高校教育的改革和创新提供强有力的支持。系统功能强大，使用简单，可以满足高校学校各种复杂的管理需求，有效提高学校的管理效率和办学水平，同时为学校做出科学决策提供准确可靠的数据依据，从而真正发挥出现代化管理的价值意义所在。

2.高校教育工作的数据化管理

高校学生数量众多，管理难度过大，对于很多管理者而言，一般都采用传统的人工管理模式，其管理工作相对复杂。在大数据时代到来后，高校管理人员可以尝试发挥技术手段的优势，在推动信息化建设的前提下，保证管理工作高质量进行。但在之前的信息化建设环节中，可能仍遗留了一些较为明显的问题，因此高校管理人员需要对其进行思考，在采取有效措施的前提下，提升管理工作的信息化水平。

（1）数据化管理的意义

在现代社会持续发展的背景下，高校需要与时俱进，结合目前学校管理工作的实际情况，在采取不同调整措施的前提下，保证学生管理工作高质量进行。在大数据时代推进高校学生管理工作的信息化建设，具有明显的现实意义和价值。

在推进学生管理工作信息化建设的过程中，能提升学生管理工作的效率。例如，高校可以利用信息化的手段来记录不同学生的档案或信息，既保证工作的效率，也能降低工作的烦琐程度，缓解工作人员的压力。

推进高校学生管理工作的信息化建设，保证相关信息的全面性。例如，在进行信息筛选和储存时，相关人员能直接利用信息化系统来添加和储存信息，也可以在需要时快速提取信息，进一步满足相关工作人员的实际需求，保证学生管理工作的有效落实。

（2）数据化管理的现状

在大数据时代，推进学生管理工作的信息化建设，能提升工作效率，保证其工作质量。但现阶段的高校学生管理工作信息化建设环节，仍然存在一些问题。

高校在推进学生管理信息化建设的过程中，很多管理人员缺乏正确的思想认识。虽然部分领导者已经在积极地倡导推进信息化建设，也提供了一系列资源。但对于很多管理人员而言，他们自身对信息化建设还存在狭隘的认知，或已经习惯了传统的工作模式，没有积极转换思路和更新观念，导致学生管理工作的信息化建设存在明显的滞后性。

在推进高校学生管理工作信息化建设的过程中，信息化程度相对较低。对于很多高校管理人员而言，他们对信息化软件或现代化信息处理模式的了解还不够深入，导致他们很难合理地使用相关技术手段对信息进行有效筛选和处理。在具体管理工作中，经常会出现结构化或非结构化的数据问题，而相关人员的数据处理能力不够强，导致目前高校学生日常管理工作的信息化建设质量很难得到有效的提升。

当前，我国正处于信息化时代的快速发展环节，互联网技术的广泛应用，不仅能提升管理工作的效率，也会增加其管理难度。例如，在大数据时代，互联网信息技术的大力发展对学生的思想可能会造成一定的冲击，学生除了会利用互联网搜集信息外，也可能接触一些负面、消极的思想内容，导致学生树立错误的思想认知。而互联网本身具有明显的开放性，在组织学生管理工作的过程中，学校管理人员无法全方位地了解不同学生的实际情况，无法对学生进行引导，导致学生管理工作的难度也随之提升。

在高校学生管理工作信息化建设工作中，还存在管理机制不健全的情况。为了保证信息化建设工作的有效落实，管理人员需要立足于时代发展的要求和学校的实际需求，在构建更完整的工作机制后，鼓励内部工作人员严格按照相关的制度来组织日常工作，使管理机制具备明显的适应性和高效性，推动高校学生管理工作的高质量进行。但是，部分高校管理人员并没有对管理机制进行完善，也没有科学规划信息化建设工作，更没有对内部工作人员提出明确的要求，导致他们在日常工作中无法形成清晰的思路，信息化建设工作的效果仍然不够理想。

（3）数据化管理的策略

为进一步解决传统高校学生管理工作信息化建设中存在的问题，保证学生管理工作的信息化建设质量，高校管理人员需要深入思索，在深入了解大数据特点的前提下，调整管理工作模式，提升管理效率。

①加强管理，强化思想认知

在高校的发展过程中，为了有效落实学生管理工作的信息化建设，使其具有较强的标准性和系统性，高校必须强化管理工作人员的思想认识，让其能在改变传统认知的前提下，避免传统思想的局限性，使其重视大数据，推动信息化建设工作的高质量进行。例如，在现阶段的高校学生管理工作信息化建设过程中，可以提前对管理人员进行培训，展示大数据的应用优势，让管理人员明白大数据技术能提升学生管理工作的效率，并保证其质量，缓解工作压力，让其改变自己的思想。考虑到大数据时代的特点，需要充分发挥技术手段的优势，同时在加强管理的过程中，加大对内部管理人员的约束力度。例如，在推进信息化建设的过程中，可以对相关管理工作人员提出明确的要求，使其在日常工作中严格利用技术手段来处理和筛选不同的信息，在发挥技术优势的前提下，对学生信息进行系统的归纳和总结，充分发挥大数据的作用。

②完善功能，保证管理质量

在推动高校学生管理工作信息化建设的过程中，高校必须不断完善目前的信息化功能，全面提高信息化水平，保证学生管理工作的质量。研究发现，在传统的高校学生管理工作中，存在一些明显的问题，学生管理工作的整体质量和水平没有明显的提升。因此，在现阶段的高校学生管理工作信息化建设中，管理人员需要在具体的实践过程中，找到信息化建设环节存在的实际问题，不断完善原有的系统。例如，相关管理人员可以使用信息化手段进行学生数据信息的整理和汇总。此时，管理人员可以向内部领导反馈工作中的问题，并邀请技术人员来进行协调，不断完善信息系统的功能。如此，能进一步解决信息化建设中的实际问题，在充分发挥信息技术优势的前提下，保证学生管理工作的效率和质量。在利用信息化手段进行学生管理工作的过程中，除了由管理人员直接反馈具体的问题外，也可以鼓励学生提出建议和想法。例如，围绕信息的全面性或真实性，可以引导学生对其进行评价，管理人员在听取学生建议后，从学生的需求出发，不断完善学生管理工作。

③保护信息，加强制度建设

在推动学生管理工作信息化建设时会出现一个问题，即学生的信息无法得到保护。例如，一些不法分子可能会利用不正当的方式去窃取学生的隐私信息。相关管理人员需要重视对学生信息的保护，通过加强制度建设来约束工作人员。在大数据时代，为了避免系统中的信息被他人恶意侵害，管理人员需要强化信息网络的安全性。例如，在管理信息网络的过程中，相关工作人员需要利用大数据来进行实时监控，如果出现异常情况，就需要及时进行警示。在日常管理过程中，管理人员需要设置相关登录口令，在登录之后才能对信息进行处理，保证学生信息的安全性。除了加强软件和硬件的维护外，管理人员也需要尝试进行制度建设。对于部分学生而言，他们可能会因个人爱好而利用信息化系统去筛选信息，了解其他同学的信息。在完善管理制度的过程中，就需要约束学生，不能让其随意搜索他人的信息。与此同时，在利用大数据的过程中，学生管理人员也不能随意泄露信息，针对一些泄露信息的人员，需要用严格的制度对其进行惩处，从而不断完善学生管理制度，提升学生管理工作的信息化水平。

④利用技术，进行有效引导

在加强学生管理信息化建设工作时，技术人员也可以辅助管理人员，剔除不明来源链接或信息，避免其对学生的思想发展产生副作用，实现信息安全。

在大数据时代，推进高校学生管理工作信息化建设是必要的，其对管理质量的提升能产生明显的促进作用。但对于部分学生管理工作人员而言，在日常工作中也会遇到一些明显的问题。因此，相关工作人员需要不断地进行思索，在充分发挥大数据优势的前提下，推进信息化建设工作的高质量进行。

# 第三章 教育数字化战略下高等教育管理的新挑战

　　我国现行的高等教育管理制度自改革开放以来逐渐确立，历经多年的实践与发展，为推动我国高等教育事业的蓬勃发展发挥了重要作用。然而，随着时间的推移和社会环境的变迁，这些管理制度也逐渐暴露出诸多问题和不足，如缺乏大学精神、行政化倾向严重、人员结构臃肿、配套管理制度亟待创新等。针对这些问题，必须重新定位和审视国内高校的管理制度。

# 第一节　高等教育管理改革创新的困境

高等教育的发展离不开配套的教育管理思维、理念和体制的保障与支撑。这些要素对于高等教育的质量提升、人才培养、科研创新等方面都发挥着至关重要的作用。在不同的管理思维、理念和方式指引下，各高校形成了各具特色的人才培养模式、激励机制、就业模式及教学质量评价模式等，进一步推动高等教育的多元化发展。

## 一、外延式发展管理转向内涵式发展管理

全国高考报名人数在连续五年的下降后，终于在2014年迎来了首次回升，高考报名人数呈现出止跌趋稳的态势。然而，尽管高考报名人数有所回升，但高校招生难的困境并未因此得到缓解。适龄人口大幅下降、招生规模大幅上升等因素仍然困扰着高等教育的发展。多个省市的高校招生计划连续几年未能完成，这无疑为高校带来了不小的压力和挑战。

近年来，我国高等教育毛入学率呈现出加速上升的趋势，迅速逼近50%这一高等教育普及化的标准线。意味着越来越多的学生能够享受到高等教育的机会，但同时也带来了新的问题。高等教育由"卖方市场"开始转向"买方市场"，学生、家长的选择权增加，无疑对高校提出了更高的要求。同时，新高考改革方案的实施也将赋予学生更多的选择权，高校需要更加努力地提升自身的教学质量和学科实力，以吸引更多的优秀学子。

## 二、高校创新创业教育管理机制不完善

目前，我国高校在创新创业教育改革方面仍面临诸多挑战。

教育资源支持不足。创新创业教育需要充足的经费、优质的项目和专业的教师资源作为支撑。然而，许多高校在资金投入、项目开展和师资队伍建设方面存在明显不足。由于经费匮乏，学生往往难以获得足够的资金支持来开展创业创新活动。项目资源有限，导致学生缺乏实践锻炼的机会。此外，指导教师匮乏也是制约高校创新创业教育发展的一个重要因素。很多指导教师缺乏创业教育的专业知识和技能，难以为学生提供有效地指导和帮助。

缺乏创业环境支撑和教学管理支持。创新创业活动需要良好的创业环境和教学管理支持，以激发学生的创新精神和创业热情。然而，目前很多高校的创业教育往往只是学科竞赛的一个附加组成部分，缺乏独立的创业平台和固定的机构来保障其顺利开展。同时，高校在教学管理上也存在一些问题，如学籍管理、学业保障等方面的弹性管理不足，导致创新创业活动与学位文凭产生直接冲突，影响了学生的积极性和参与度。

## 三、教育管理方式未能与时俱进

传统的教育管理方法在现代高校教育中显得较为单一和局限，无法充分满足高校有效管理学生的多元化需求。在高校教育体系中，教师作为学生接触最频繁的教育者之一，承载着培养学生、引导学生的重要职责。然而，由于每名教师需要管理的学生数量庞大，使个性化的教育指导变得尤为困难。教师往往需要在有限的时间内，面对众多的学生，进行统一的授课和指导，难以顾及每个学生的个性化需求。

## （一）管理理念陈旧

在素质教育背景下，学校教育需要遵循人本教育理念，坚持以人为本教学设计，全方位了解和分析学生学习需求，从而进行有针对性地引导和教学。[①]学生管理是学校教育的重要组成部分，需要紧跟学校教育理念设计管理工作相关制度，才能有效提升管理实效性。但从高校学生管理实践来看，很少有院校意识到学生主体的作用，长期采用专制、僵硬的管理制度，对学生身心发展非常不利。究其原因，与高校管理理念陈旧有很大关系，院校缺乏"以生为本"管理理念，自然就无法将其融到学生管理制度建设过程中，也会影响相关制度的具体落实，对学生个性发展造成负面影响。

## （二）忽视学生管理

高校学生管理是一项系统而复杂的工程，需要相关部门及工作人员互相协调配合。[②]但从管理实践来看，高校学生管理明显存在脱节现象，部分教学职员根本不重视学生管理工作，认为这是班主任和辅导员的工作，普通教师只需要完成教学任务即可，很少去关心学生的思想及生活，甚至对学生的课堂学习行为也不重视。由于普通教师缺乏学生管理理念，没有积极参与到学生管理活动中，导致高校学生管理环境不完善，对学生管理质量产生较大影响。

## （三）管理人员综合素质有待提升

学生管理是一个涉及多领域的管理工作，既要关注学生的日常学习行为，还要关心学生的思想动态及在校生活情况，从心理、身体、知识文化、

---

① 朱中原.浅析如何做好高职班主任的管理工作——以徐州医药分院为例[J].中国科技期刊数据库科研，2023（4）：148-151.

② 刘昂.浅析高校班主任管理工作——以徐州医药高等职业学校为例[J].中国科技期刊数据库科研，2023（5）：60-63.

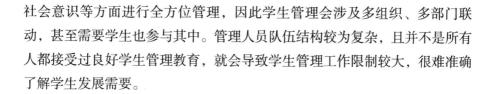

社会意识等方面进行全方位管理，因此学生管理会涉及多组织、多部门联动，甚至需要学生也参与其中。管理人员队伍结构较为复杂，且并不是所有人都接受过良好学生管理教育，就会导致学生管理工作限制较大，很难准确了解学生发展需要。

## （四）生源质量降低

随着高等教育逐渐普及，高校扩招有着显著的发展趋势，高等教育逐渐从精英教育转向为大众教育，尤其是推行"百万扩招"以来，高校招生数量有了明显提升。招生量的提高是一把双刃剑，正面作用在于促进高校发展，满足更多学生求学需要，负面作用则是生源质量降低，生源结构复杂，对学生管理非常不利。尤其是高职院校，本身生源质量较低，在扩招后需要招入更多相对较差的生源，拉低了生源整体质量，加大了学生管理难度。从生源来看，高校学生多为考不上全日制高校的学生，他们的学习能力相对较弱，思想更为混乱，导致部分高校的思想管理、学风建设等问题越发明显。从学生角度来看，主要分成三大类学生：一类是抱着混日子心态的学生，他们对学习缺乏热情，也不会惹事，只想顺利毕业拿到毕业证；一类是对未来抱有期待的学生，他们对学习比较热情，会积极参与各种教学活动，有的希望可以顺利专升本，有的则希望可以在学习过程中掌握专业知识和技能，以便更好就业；还有一类学生是完全不喜欢学习的，而且他们还会挑衅和欺负他人，并经常与其他学生吵架打架。总的来说，高校扩招对学生管理工作会带来极大挑战，高校必须做好不同群体管理准备，采用多元化、多样化管理措施，才能促进高校学生管理稳步进行，否则将对整个院校造成负面影响。

## （五）学生缺失理想信念

当前，学生、家长、社会对高校教育依然存在轻视的现象，社会大众对高校认可度较低，在这样的社会背景下，高校学生学习压力较大，他们不仅需要面对更加复杂的学习环境，还要承受不被家长、社会认可的压力。学生普遍存在缺乏理想信念的现象，这对促进学生健康成长造成不利的影响。此外，部分学生在入学初期备受高考失利的影响，如果教师及管理人员不能及时有效地帮助学生舒缓情绪，很容易影响到学生心理健康及后续学习，甚至出现自暴自弃、随波逐流的想法。

## （六）互联网的危害

随着互联网时代的到来，学生过早地接触到网络，并通过网络极大开阔了视野，接触到许多新鲜、新奇的事物，对学生思想道德、价值观等产生极大影响。就学生管理来说，互联网可以成为一种加强学生思想政治教育的新渠道，通过让学生接触各种正面、积极的信息来促进学生良好发展。但是，互联网也存在一定危害，会将一些消极、负面的信息传递给学生，对学生思想观念造成极大影响。同时，学生在面对各种新奇事物时很难做到适度，很容易迷上网络游戏、网络小说、网络视频等，将大多数时间都浪费在网络上，影响学生的正常学习和生活。

## （七）管理机制不够完善

教师对学生的日常学习和生活缺乏了解，解决问题常常生搬硬套，找不到学生真正的痛点，谈心谈话效果不佳，学生也难以真正信服。在管理制约的条条框框下，各层级管理者很难充分发挥自身主观能动性，创新解决问题的方式方法。部分辅导员在面对学生开展实际管理工作时，仍受传统的工作理念及工作模式的影响，"以学生为核心"的教学原则并未凸显，也未能在真正意义上引导学生进行自主管理。例如，在高校学生犯错误后，还和义务教育阶段一样，由教师批评后再通知家长，使学生因一件事而多次受到批评，类似的情况屡见不鲜，出现这类问题最本质的原因往往在于管理者忽略了管理艺术。管理艺术的本质在于通过有效沟通，拉近人与人之间的关系并达到促成问题解决的目的。在对优秀学生进行表彰时，主要采用以精神鼓励为主的方式，主要方式包括口头及通报表扬、颁发奖状及荣誉证书，授予"三好学生""优秀学生干部""优秀团员""文明之星"等荣誉称号，并将先进事迹相关材料载入学生档案等，而忽视了适时、适当、适度的物质奖励。事实上

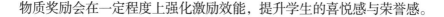

物质奖励会在一定程度上强化激励效能，提升学生的喜悦感与荣誉感。

## （八）学生个性化管理能力不足

大学生接受新鲜事物的能力强，普遍思维活跃、精力旺盛，往往有自己独特的性格特点。部分教师在日常工作中，缺乏对管理模式创新的关注与思考，尤其是在学生的管理工作中，由于知识结构与自身管理模式的固化，面对信息化管理方式对传统管理模式带来的冲击，无法及时适应并调整自身管理方式，导致自身并不能充分利用信息技术及数字化手段提升管理效能，进而对学生管理工作产生一定不良影响。由于以班级为单位开展的线下活动较少，教师与学生之间的沟通交流往往采用线上方式进行，相比于线下，缺乏通过集体活动锻炼、提升学生干部综合能力、增强组织凝聚力的机会。对于部分性格表现较为内向的学生，更是缺乏面对面的近距离沟通，不能及时、准确掌握此类学生的学习状态与情绪变化。管理思路不够新颖，管理方法欠缺创新，面对同一学生反复出现同类问题的情况感到力不从心、束手无策。同时，对于学生干部的日常工作评价缺乏完善、动态的考核机制，未能充分调动学生干部的积极性，让他们真正参与到管理工作中来，切实做好上传下达工作，成为学生与教师之间沟通的纽带。没有将学生管理工作和教学管理有机结合起来，在面对学生问题时，往往采用同质化、统一性的管理模式，以行政性管理为重点，过于注重处理问题的结果，而忽略了过程中学生本人对问题处理方式的满意度、信服度。这会在一定程度上使学生在个人成长过程中产生的问题及困惑难以得到有效解决，无法从真正意义上实现高效率、高质量学生管理。

## （九）心理健康教育不足

目前，部分高校在大学生心理健康教育方面均存在不足之处，心理健康教育方式方法单一，未形成完善的工作管理体系。心理健康教育是一个系统性、长期性的工作，需要同向发力、循序渐进。在新生入学前，部分高校往往忽视了对新生进行心理筛查这一工作的重要性，部分学校在开学后也没有及时开展心理筛查，或筛查活动流于形式。面对筛查结果出现管理一刀切的情况，忽视了存在心理问题的学生，导致后续一系列问题的出现，严重者甚至会出现自残、轻生等情况。同时，学校专业心理健康教育师资力量薄弱，甚至并未配备专职的心理辅导讲师，心理咨询室配套设施不完善，心理健康教育浮于表面，面向学生的宣传力度不够，在校学生知晓率低。一些辅导员不具备心理预判的能力，故而对刚入学的新生缺乏深入的了解，此类问题对于学生的健康成长起到一定负面作用，都是直接或间接阻碍大学生管理工作高效、务实开展的重要原因。因此高校在开展心理健康教育实际工作时，应注重大学生心理健康教育的策略，建立系统化、差异化的心理健康教育模式，明确教育预期目标和所设心理教育学科定位，进而推动学生管理工作以科学、有效的教育途径和方法进行。

# 四、"信息孤岛"现象严重

在当前这个信息化高速发展的时代，许多高校都纷纷踏上了数字化建设的征程。数字化建设不仅有助于提升高校的教学质量和科研能力，更能为校园管理带来极大的便利。然而，从目前的情况来看，尽管部分高校已经开始了数字化建设的步伐，但其中仍存在诸多亟待解决的问题。

许多高校在数字化建设的过程中，主要关注于完善信息化平台，而对于不同部门之间信息平台的兼容性问题却缺乏足够的重视。这种情况导致部门间信息无法有效共享，数据分割情况严重，进而形成了所谓的"信息孤岛"现象。这种现象不仅阻碍了高校内部信息的流通，也制约了高校整体的发展。

"难以共享"的问题主要源于不同部门之间的信息接口不协调，以及信息填写要求存在出入。由于各部门在信息化建设过程中缺乏统一的标准和规范，导致信息平台之间无法实现无缝对接。这使信息在传递过程中出现了障碍，信息平台的作用无法充分发挥。"没有勇气共享"的问题则更多地与数据安全有关。在数字化建设中，数据的安全保护至关重要。然而，由于许多数据需要得到保护，高校在信息共享运用中往往面临着隐私泄露的风险。一旦数据泄露，将极易被不法分子利用，给师生带来极大的损失。近年来频发的大学生电信诈骗案，就与学生信息被无意泄露有关。这些事件使高校在信息共享方面变得更为谨慎，甚至出现了"没有勇气共享"的情况。

　　总之，高校数字化建设是一个复杂而艰巨的任务，需要全校师生共同努力、携手共进。通过加强整体规划、完善制度规范、增强数据安全保护意识等措施，高校可以逐步解决当前数字化建设中存在的问题，推动校园数字化建设的不断深入和发展。

# 第二节　数字化战略对高等教育管理的深远影响

　　高等教育不仅是培养高素质人才的重要基地，更是推动科技进步、引领社会发展的核心力量。因此，高等教育质量的高低，直接关系到国家核心竞争力的强弱，是推动国家持续健康发展的关键因素。

　　在新时代背景下，推动高等教育高质量发展，成为每一位高等教育工作者义不容辞的使命。面对新时代的要求，必须不断探索和创新，寻找高等教育发展的新路径。数字化正是新一轮科技革命和产业变革中推动高等教育高质量发展的重要引擎。

　　数字化技术的应用为高等教育带来了前所未有的机遇和挑战。一方面，数字化技术能够极大地提高教学效率，让优质教育资源得到更广泛地传播和共享；另一方面，数字化技术也促使高等教育的教学模式、方法和管理方式发生深刻变革。通过引入人工智能、大数据等先进技术，高等教育能够更精准地满足学生的个性化需求，提供更优质的教育服务。

　　正因为如此，高等教育数字化战略的实施显得尤为重要。在数字化战略的推动下，高等教育将实现更加高效、便捷、智能的发展。例如，通过建设在线教育平台，实现线上线下教育资源的有效整合，打破时空限制，让更多人能够享受到优质的教育资源；通过应用智能教学系统，实现个性化教学、精准辅导，提高学生的学习效果和学习兴趣；通过构建数字化管理平台，实现教育数据的收集、分析和应用，为高等教育决策提供有力支持。

2022年，教育部决定全面实施教育数字化战略行动，这无疑是高等教育发展史上的一大里程碑。这一战略行动的实施，将进一步推动高等教育的数字化进程，促进高等教育质量的提升。我们有理由相信，在数字化战略的引领下，中国的高等教育将迎来更加广阔的发展前景和更加美好的未来。

当然，实施高等教育数字化战略也面临着诸多挑战和困难。例如，如何保障在线教育平台的安全性和稳定性、如何培养适应数字化教学需要的师资队伍、如何平衡线上线下教育资源等等。这些都需要我们进行深入研究和探索，制订出切实可行的解决方案。

# 一、高等教育数字化战略与国家数字经济发展战略

数字经济的迅猛发展对数字技术、新基建等基础设施的推动，为高等教育提供了更加优质的基础设施环境。通过引入现代化的数字技术，高等教育得以打造出更加数字化、智能化的新型教学环境，从而为学生提供更加丰富、多元的学习体验。

数字产业的快速发展对高等教育数字化提出了新的需求。随着大数据、云计算、人工智能等技术的广泛应用，数字产业的最新成果不仅改变了人们的生活方式，也推动了高等教育方法、模式的变革。高等教育需要不断适应数字产业的发展趋势，将最新的数字技术应用于教学中，以提高教学质量和效率。

数字经济的发展需要大量的数字化人才作为支撑。高等教育作为人才培养的重要基地，必须紧跟时代步伐，提升学生的数字素养和技能。通过加强数字化课程建设、实践教学等方式，高等教育可以培养出更多具备数字化思维、掌握数字化技能的人才，为数字经济的发展提供有力的人才保障。

## 二、助力实现高等教育素质教育的目标

提升学生的数字素养与技能，是高等教育素质教育在新时代的重要使命。数字素养不仅包括基本的计算机操作能力和信息素养，更涵盖了数据分析、编程能力、网络安全等多方面的技能。通过加强数字素养与技能类课程建设，推动数字素养融入专业课程，高等教育能够为学生提供更广阔的学习平台和更丰富的实践机会。

## 三、高等教育数字化是高等教育发展的新特征

### （一）依托数字技术革新教与学

互联网、大数据、云计算、人工智能、区块链等数字技术的融入，不仅促进了教学方式的变革，更推动了教与学双向改变、双向升级。

从教的角度来看，教学手段的进步是显而易见的。如今，线上线下混合式教学已成为常态，教师们能够利用虚拟现实、人工智能、云计算等教学应用，将抽象的理论知识具象化、生动化，极大地提升了学生的学习兴趣和参与度。同时，教师信息化教学能力也在不断提升，他们开始注重培养学生的创新思维和实践能力，以更好地适应未来社会的发展需求。

此外，教学环境和基础设施的提高也为教学质量的提升提供了有力保障。如今，智慧教室已经普遍采用，沉浸式、智能化教学成为趋势。在这样的教学环境中，学生可以更加直观地感受到知识的魅力，从而更加深入地理解和掌握所学知识。

从学的角度来看，人工智能等技术的应用使学生成为中心角色。如今，学生可以依据自己的兴趣、个性化需求进行自适应学习资源和学习路径推荐，从而更加高效地学习。同时，针对学生的不同状况，教师也可以进行个性化指导，帮助学生更好地解决学习中的难题。这种个性化的教学方式不仅

提升了学生的学习效果，还培养了学生的终身学习动机和能力。

从管理的角度来看，教育大数据的广泛应用为提升管理服务水平提供了有力支持。通过大数据的分析和挖掘，学校可以更加精准地了解学生的学习状况和需求，为教学决策提供更加科学的依据。同时，区块链技术的应用也为学习信息认证提供了可靠保障，确保了教育信息的安全性和真实性。这种数据有序流动和交换共享的机制不仅促进了资源的开放共享，还提升了管理服务水平，为高等教育的可持续发展提供了有力支撑。

## （二）从个体到整体的数字化大脑建设

高等教育治理体系和治理能力现代化是当下教育领域发展的必然趋势。为了实现这一目标，需要关注技术融合、业务融合和数据融合，旨在达成跨层级、跨地域、跨系统、跨部门、跨业务的协同治理目标。这一目标的实现，不仅有助于提升高等教育治理的效率和质量，还能为未来的教育发展奠定坚实基础。

在数字化时代，教师、学生及学校每个个体都伴随着大量的数据产生。这些数据涵盖了学习、教学、管理等多个方面，对于掌握个体全面信息、精准把握每个群体特征具有至关重要的作用。通过对这些数据进行深入分析，可以打造出一个从个体到整体的高等教育数字化大脑。

数字化大脑的建设离不开统一的数据平台和交换通道。这些平台能够推动数据在各群体间有序流动和互通共享，使教育主管部门能够全面掌握全国高校的情况，高校能够实时了解师生的情况，而老师则能够精准把握学生的学习状况。这样的数据共享机制，不仅能够提高教育治理的透明度，还能为预测分析、科学决策、流程再造等提供重要支撑。

数字化大脑的建设不仅是一个技术过程，更是一个理念转变的过程。传统的教育治理理念往往注重经验和直觉，而数字化大脑则能够将数据作为治理的重要依据，推动教育治理的科学化、精准化。此外，数字化大脑还能够拓展教育质量监督手段，通过对数据的实时监控和分析，及时发现和解决教育过程中存在的问题，从而有力推动高等教育治理能力现代化。

在实际操作中，可以结合具体案例来探讨数字化大脑在高等教育治理中

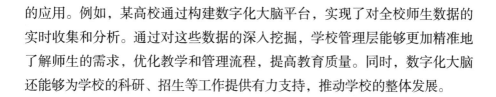

的应用。例如，某高校通过构建数字化大脑平台，实现了对全校师生数据的实时收集和分析。通过对这些数据的深入挖掘，学校管理层能够更加精准地了解师生的需求，优化教学和管理流程，提高教育质量。同时，数字化大脑还能够为学校的科研、招生等工作提供有力支持，推动学校的整体发展。

# 第三节　教育数字化战略下高等教育管理面临的挑战与机遇

## 一、教育数字化战略下高等教育管理的挑战

### （一）形式主义：对高等教育管理数字化建设认识不深刻

随着我国数字化建设各项方针政策的持续推出，高校数字化管理建设在取得显著成绩的同时，也逐渐暴露出诸多亟待解决的问题。这些问题不仅影响了高校数字化管理建设的推进速度，也制约了高校整体管理水平的提升。

首先，部分学校存在数字化教育管理与日常管理工作脱节的现象。尽管数字化技术已经在教育领域得到了广泛应用，但一些学校并未能将其与日常管理工作有效结合。导致教育管理数字化的建设并未充分发挥其应有的服务职能，而是陷入了一种形式主义的困境。这种现象不仅影响了数字化管理建设的效果，也导致了资源的浪费。

其次，高校数字化管理建设缺乏系统观念，信息化建设仍处于职能部门自发建设、各部门独立运作的阶段。导致了资源整合程度低，投资浪费严重的问题。由于缺乏统一规划和协调，各部门在数字化管理建设中往往各自为政，难以形成合力。不仅影响了数字化管理建设的整体效果，也增加了建设成本和维护难度。

最后，各部门间信息独立、缺乏统一的编码规范和规范的资料来源也是高校数字化管理建设中的一个重要问题。由于各部门在信息化建设过程中缺乏统一的标准和规范，导致信息孤岛现象普遍存在。不仅影响了信息的共享和利用效率，也增加了数据整合和处理的难度。

## （二）条件空缺：高等教育管理数字化建设软硬条件落后

高等教育管理数字化建设是提升教育质量、优化教育资源配置的关键一环。在这一进程中，完整的软硬件条件支撑显得尤为重要。软件条件主要侧重于相关人员队伍的建设，而硬件条件则指的是相关基础平台的建设。然而，在我国部分高校中，这两方面的建设仍存在明显的不足，制约了教育管理数字化的进程。

软件条件的建设，涉及相关人员的专业素养和技能水平。在大数据和信息化数据技术日益发展的今天，教育管理对于人才培养的需求也发生了变化。然而，一些高等院校在数据平台运行方面的人才培养相对滞后，导致工作人员的专业能力不足，难以胜任复杂的数据分析和处理工作。因此，高校应加大人才培养力度，提升工作人员的数据素养和数据分析能力，确保大数据平台的良好运作。

硬件条件的建设，包括建立稳定、高效的教育管理平台，确保数据的存储、传输和处理能够顺利进行。然而，目前许多高校的教育管理平台在数据应用方面相对落后，存在更新不及时、数据资源零散、整合能力不足等问题。这不仅影响了教育管理的效率，也制约了教育决策的科学性。因此，高校应加大对硬件条件的投入，引进先进的信息技术，提升平台的建设水平，为教育管理数字化提供坚实的基础。

## （三）功能损耗：高等教育管理数据挖掘有限

"数据挖掘"作为一种先进的数据分析技术，正日益受到各行各业的青睐。其核心思想在于，从一个庞大的数据库中出发，借助高效的计算手段，深入挖掘那些潜藏在海量数据背后、不为普通人所熟知的、具有极高相关价值的信息。在高等教育领域，数据挖掘技术的应用尤为重要，它不仅可以帮助院校管理者更为全面地了解各项工作的真实运转情况，还能够为教学方式的改进和工作流程的优化提供有力的数据支持。

帮助高等教育机构更好地了解学生的学习状况。通过对学生的学业成绩、出勤情况、课外活动参与度等多维度数据的挖掘和分析，管理者可以清晰地看到学生在各个学习阶段的表现和变化趋势。有助于及时发现学生的学习问题，采取相应的措施进行干预和辅导，提高教学质量和学生的学习效果。

评估教师的教学质量。通过对教师的教学评价、课程满意度等数据的挖掘和分析，可以客观地评估教师的教学水平，发现教学中的优点和不足。有助于教师及时了解自己的教学状况，调整教学策略，提升教学质量。

优化院校管理决策。通过对各项管理数据的挖掘和分析，可以揭示出管理过程中的瓶颈和问题，为管理者提供有针对性的改进建议。有助于提高管理效率，降低管理成本，推动院校整体发展。

## 二、教育数字化战略下高等教育管理的机遇

### （一）推动高等教育管理监管动态化

大数据技术通过对海量数据进行深度挖掘、对比和分析，为高等教育管理带来了革命性的变革。

首先，大数据技术使高等教育管理工作能够更充分地把握学生、教师和社会实时需求。通过收集和分析学生的学习行为数据、教师的教学反馈数据以及社会对人才的需求数据，大数据技术可以帮助管理者精准地把握各方的需求变化，从而提出有针对性的解决办法。

其次，大数据技术有助于教育管理者及时发掘潜在问题和威胁，防范可能出现的问题。例如，通过对学生学习行为数据的监测和分析，可以及时发现学生的学习困难，为其提供个性化的辅导；通过对教师教学数据的分析，可以发现教学过程中的问题，及时调整教学策略；通过对社会就业数据的分析，可以预测未来的人才需求趋势，为高校的课程设置和人才培养提供

指导。

## （二）推动高等教育管理工作高效化

　　大数据在教育领域的应用体现在学生个人档案资料的登记、书籍借读、成绩等方面的信息快速统计分析上。借助大数据，学校可以轻松地收集到学生的各项信息，并通过强大的数据处理能力，迅速完成对这些信息的分析。不仅如此，大数据还能体现出这些信息的变化趋势，帮助教育工作者更好地把握学生的成长轨迹。更重要的是，大数据以其精确的信息提炼能力，为管理工作者指明了事物的发展方向。通过对数据的深入挖掘和分析，管理者可以迅速发现潜在的问题和机会，从而做出更为科学的决策。同时，大数据还能剔除无用信息，减少干扰因素，使决策过程更加清晰、明确。

# 第四章 教育数字化战略下高等教育管理流程的优化

随着教育数字化战略的深入推进，高等教育管理流程的优化已成为提升教育质量和效率的关键一环。在这一背景下，高校需要不断探索和创新，以数字化手段优化管理流程，提升管理水平，为学生和教师提供更加便捷、高效的服务。高校通过建设完善的信息系统，实现教学、科研、学生管理等各个环节的数据互通和共享，打破信息孤岛，提升管理效率。利用大数据技术，对各项管理数据进行深入挖掘和分析，为管理决策提供科学依据，推动管理决策的科学化和精准化。在数字化战略下，高校需要去除冗余环节，简化审批流程，提高办事效率。引入自动化、智能化等技术手段，实现管理流程的自动化和智能化，降低管理成本，提升管理效能。此外，高校还应通过组织培训、开展实践等方式，提升管理人员的数字化技能和意识，使其能够更好地适应数字化时代的管理需求。建立激励机制，鼓励管理人员积极参与数字化改革，推动管理流程的优化和创新。

# 第一节　管理流程数字化的必要性与可行性

## 一、流程管理概述

### （一）流程管理的含义

国内外众多学者在流程管理的概念、理论及应用方面均有着深入的探讨和独到的见解。

郑立明等（2005）将流程管理的定义概括为方法论观点、实施观点和技术观点三个层面。[①]从方法论的角度来看，流程管理被视为一种结构化方法，旨在通过系统性地分析和优化，提高组织运作的效率和效果。从实施的角度来看，流程管理被视为一种职能流程，强调在实际操作中的执行和监控，以确保流程的有效实施。从技术的角度来看，流程管理被视为一种技术，借助先进的信息化手段来支持流程的设计、执行和优化。

黄艾舟等（2002）进一步指出，流程管理的本质是一种系统化的方法。其核心思想在于构建规范化的端到端业务流程，通过消除冗余环节、优化流程结构、提升流程效率等方式，持续性地提高企业或组织的绩效。[②]这种系统化的方法不仅关注流程本身的设计和优化，还注重流程与企业战略目标之间的衔接和协调，以确保流程管理能够为企业带来实际的价值和效益。

张志刚等（2008）则从用户需求的角度出发，强调了流程管理以用户需求为导向的特点。[③]他们认为，流程管理应该以不断增强企业或组织流程增值能力为目标，通过跨职能协作等方式，实现流程的高效运作和持续改进。

---

① 郑立明，张瑜，任浩.流程管理的实施模型与技术构成研究[J].软科学，2005，19（3）：57-60.

② 黄艾舟，梅绍祖.超越BPR——流程管理的管理思想研究[J].科学学与科学技术管理，2002（12）：105-107.

③ 张志刚，黄解宇，岳澎.流程管理发展的当代趋势[J].现代管理科学，2008（1）：88-90.

这种以用户为中心的管理理念，有助于企业更好地满足市场需求，提升客户满意度和忠诚度。

赵长明（2011）则进一步强调了流程管理的核心要求——使流程趋于结构化。[①]他认为，流程管理的主要任务是构建优秀的流程以提高业务效率，这需要企业对流程进行深入地剖析和优化，确保流程的结构清晰、逻辑严密、操作简便。随着理论研究和实践的发展，流程管理作为一种不断提升的方法，正在被越来越多的企业所重视和应用。

在现代企业的生产过程中，流程管理的重要性日益凸显。企业以构建高效且低成本的业务流程为中心，通过流程管理不断提升企业经营效率和收益。同时，随着信息化技术的发展和应用，流程管理也得以借助先进的技术手段实现更加精准和高效地管理。

王茂祥等（2017）同样强调了流程管理在当前社会环境下的重要性。[②]他们认为，流程管理以流程的简洁、连续和通畅为基本原则，以企业或组织的核心战略目标为导向，通过信息化技术的支持构建流程中的各个环节，使其紧密衔接并有机组合。这种管理方式有助于实现整体流程的贯通，使企业管理更加快捷、高效。

## （二）流程管理的特点

流程管理作为现代企业管理的重要组成部分，具有一系列鲜明的特点。这些特点不仅体现了流程管理的核心理念，也为其在实际应用中的广泛推广提供了有力支撑。

### 1.目标性
王玉荣等（2011）指出，设计流程的首要条件是要明确企业的目标和任

---

① 赵长明.浅论流程管理[J].科学时代，2011（13）：44-45.

② 王茂祥，李群，吴雨晨，等.企业流程管理的实施模型及支撑要素研究[J].中国软科学，2017（Z1）：224-229.

务。[1]这意味着流程管理始终围绕着企业的战略目标进行，确保每一项流程都能为企业的整体发展贡献力量。这种目标性使流程管理在推动企业发展中具有明确的导向作用。

2.普及性

普及性体现在需要全员参与流程的价值创造，每个员工都是流程管理的重要参与者。这种全员参与的特点使流程管理能够深入人心，形成企业内部的共识和合力。同时，普及性也要求企业在实施流程管理时，要注重员工的培训和引导，确保员工能够理解和遵循流程规范。

3.结构性

结构性体现在应根据不同的企业采取不同结构形式的流程管理，意味着流程管理不是一成不变的，而是需要根据企业的实际情况进行灵活调整。这种结构性使流程管理能够更好地适应企业的发展需求，提高管理效率。

4.动态性、层次性

动态性要求企业在实际情况发生变化时，能够实时调整并优化流程，确保流程的适应性和有效性。层次性则体现在流程有层级划分，可分为跨部门的流程及跨岗位的流程，这种层级划分有助于明确各级职责和权限，提高管理效率。

## （三）流程优化的方法

目前，已有多种方法被广泛应用于流程优化领域。马杰（2020）在其研究中提出了几种常用的流程优化方法，包括鱼骨图分析法、5W3H分析法和ECRS分析法。[2]鱼骨图分析法从人员、机器、材料、方法、管理以及环境等

---

① 王玉荣，葛新红.流程革命2.0[M].北京：北京大学出版社，2011：46.

② 马杰.流程管理研究综述[J].技术经济与管理研究，2020（5）：65-69.

六个方面出发，深入剖析流程中产生问题的原因，从而找出主要瓶颈，并据此制定解决方案。5W3H分析法则从事物、地点、时间、人员、原因、方法、问题发生量以及顾客感受等八个方面对问题进行全面分析，帮助企业更全面地了解问题所在。ECRS分析法则是对现有组织、工作流程、操作程序和工作方法进行持续改进的一种有效方法。它包括取消、合并、重排和简化四个步骤。通过这四个步骤，企业可以对现有的流程进行逐一审查，找出可以改进的地方，并进行相应的调整和优化。

除了上述方法外，PDCA循环法也是流程优化中常用的一种方法。该方法由计划（Plan）、执行（Do）、检查（Check）和处理（Act）四个步骤组成。在流程优化过程中，企业首先需要明确计划和目标，分析现状并找出存在的问题。随后，召集相关人员进行讨论，提取主要原因并制定应对策略和实施策略。在执行过程中，企业需要密切关注进展情况，并及时进行调整和改进。最后，对优化结果进行检查和总结，以便为下一轮循环提供经验借鉴。

孟桐（2019）在其研究中提到了ECRS分析法和ESIA分析法之间的异同。[①]这两种方法都强调对流程进行持续改进和优化，但ESIA分析法在重排步骤上进行了调整，用"自动化"替代了"重排"。此外，ESIA分析法还包括取消、简化、整合和自动化四个步骤，旨在通过减少非必要节点、简化剩余节点、整合相似流程以及加强信息化建设等方式提高流程效率和质量。

除了上述方法外，标杆分析法也是流程优化中常用的一种手段。该方法通过将组织各项业务与业内从事该项业务的标杆者进行对比，从而发现自身业务流程中存在的不足和改进空间。通过学习和借鉴标杆者的优秀经验和做法，企业可以不断完善自身的业务流程，提高竞争力和市场占有率。

---

① 孟桐.A公司管理流程优化研究[D].南京：南京师范大学，2019：21.

## （四）高校流程管理

高校作为一个规范性要求较高的庞大组织，其内部流程往往涉及多个环节和部门的协同工作。为了确保日常运作的顺利进行，各学院和教辅部门需要紧密配合、协同工作。然而，目前高校管理流程主要停留在常规管理上，缺乏对各个环节潜力的深入挖掘。这导致了许多流程环节存在冗余、低效的现象，影响了高校整体管理水平的提升。

朱莉（2019）进一步指出，高校及教育工作者在教育管理理念上的滞后也是导致管理流程问题的一个重要原因。[①]许多高校及教育工作者仍然沿袭传统的教育管理模式，缺乏创新意识和改革精神。这种因循守旧的态度使管理工作陷入了固定的模式，难以适应数字化时代的新需求和新挑战。

通过对其他相关文献的分析，可以发现高校流程管理的问题还主要表现在以下几个方面：首先，流程审批过程过于繁杂，申报内容复杂，导致审核反馈不够及时，影响了工作效率；其次，管理体制过于统一化，忽视了以人为本的管理理念，导致管理流程缺乏灵活性和人性化；最后，数字化建设工作落实不够充分，许多高校在数字化建设方面仍停留在表面，未能真正将数字化技术融入管理流程中，实现流程的优化和创新。

针对上述问题，需要从多个方面入手，加强高校管理流程的优化和创新。首先，加强员工及管理者的培训和教育，增强他们的创新意识和改革精神，引导他们主动思考如何改进流程、提升效率；其次，简化流程审批过程，优化申报内容，提高审核反馈的及时性；再次，注重以人为本的管理理念，关注员工的实际需求和感受，让管理流程更加灵活和人性化；最后，加强数字化建设工作的落实，推动数字化技术与高校管理流程的深度融合，实现流程的数字化、智能化和高效化。

总之，高校管理流程的优化和创新是提升高校管理水平、推动高校持续发展的重要途径。需要不断探索和实践，逐步解决当前存在的问题，推动高校管理流程向更加高效、人性化的方向发展。

---

① 朱莉.探析高校教育管理流程再造与优化对策分析[J].魅力中国，2019（47）：224.

## 二、高等教育管理流程数字化的必要性

高等教育管理流程再造的核心目标在于对传统的管理体系、组织结构以及工作方式进行全面革新。自20世纪90年代末以来，我国高等教育经历了跨越式的发展，教育规模和学生数量的显著变化不可避免地引发了一系列问题。高校教育管理流程再造理论的传入在我国具有其必然性和必要性。既是高等教育管理创新的内在需求，也是我国高等教育自觉选择的路径。该理论的引入与应用对于推动高等教育实现又好又快地发展具有关键作用。因此，当前高等教育管理流程再造仍面临着诸多现实挑战和困难。

### （一）高等教育管理手段单一，效率低下

受传统管理模式和计划经济的影响，我国高等教育机构在发展过程中形成了一种固有的习惯：按照上级的指示和要求来设置专业和组织教学活动。这种工作思路通常是从理念出发，然后确定具体的工作模式，最后落实到具体的实施措施上。虽然这种方式有其一定的合理性，但随着时代的变迁和高等教育事业的不断发展，其弊端也逐渐显现出来。

首先，高校在制定专业教学计划时，往往过于注重统一性和标准化，导致教学大纲和课程设置大多千篇一律，内容单一，缺乏灵活性和特色性。这种情况不仅使学生在接受教育时感到乏味，也影响了其综合能力的提升。同时，由于缺乏对实际需求的深入了解和调研，这种教学模式往往针对性不强，难以培养出适应社会发展需要的高素质人才。

其次，由于教育管理只能在规定的条条框框中实施，无法发挥动态的、科学的、持续的管理效果。这使高校在面临新的挑战和问题时，往往难以做出及时、有效地应对。同时，由于管理的主观性、盲目性和随意性仍然存在，一些高校在管理过程中往往过于谨慎，怕出问题、怕担责，不求有功但求无过。这种心态导致他们不愿更新教育管理模式与方法，仅满足于维持现状，从而阻碍了高校的发展和创新。

## （二）高校管理忽视学生个性需求

高等教育肩负着塑造学生成为有责任感和能力的成年人的使命，包括如何培养他们，培养出具有何种品质的人。学生是高等教育的核心，具有极大的发展潜力。在现代西方哲学的主体间性理论中，管理者与被管理者都被视为具有同等重要性的主体，强调了平等交流和互动的重要性。只有当管理者和学生处于平等的地位，建立起开放的沟通机制，高等教育管理才能发挥其最大的效能。然而，目前许多高校在教育管理上过于侧重于规范化和标准化，这种做法往往限制了学生主体性的发挥，导致教育管理显得僵化，缺乏创新。一些管理人员可能认为学生由于年轻和经验不足，其观点可能不够成熟，因此采取简化的管理方法。这种观点忽略了学生的成长潜力和适应性，以及他们在学习过程中对创新和批判性思维能力的需求。在教学实践中，如果教师仍然依赖过时的教学方法和内容，仅仅进行单向的知识传授，而不是鼓励学生思考和表达自己的观点，将无法充分发挥学生的主动性和创造性。这种做法阻碍了师生之间的有效沟通和互动，抑制了学生主观能动性的发挥，也难以营造一个民主和人性化的教学环境。

## （三）教育管理者素质参差不齐

从当前高等教育管理人员的实际情况来看，人员素质参差不齐，存在一些亟待解决的问题。

### 1.教育管理观念较为落后

许多管理者仍然停留在传统的教育管理模式中，缺乏对新形势、微时代下教育管理的新理念、新方法的认知和理解。他们不能熟练掌握和运用现代化技术，对于数字化、信息化等现代技术手段的应用力不从心。他们在面对复杂多变的教育管理问题时难以科学谋划、有效应对。

### 2.业务不精

由于缺乏系统地学习和实践，一些管理者在业务知识和技能方面存在短板。他们不能深入了解教育管理的本质和规律，也不能准确把握教育发展的趋势和方向。他们在教育管理工作中缺乏前瞻性和创新性，难以推动教育事业的持续发展。

### 3.过度依赖规章制度进行管理

一些管理者过于强调规章制度的刚性约束，忽视了人性化管理的重要性。他们将行政管理的经验搬到教育中来，没有结合实际情况进行灵活调整和创新，限制了教育管理工作的灵活性和创新性，导致管理者与员工之间的关系紧张，影响管理效果。

### 4.管理机构之间工作互相推诿

在一些高校中，由于部门之间的职责划分不明确或存在利益冲突，工作互相推诿，扯皮现象时有发生。不仅浪费了大量的时间和精力，还可能导致工作失误或延误，给学校带来不必要的损失。

### 5.教育管理队伍缺乏战斗力。

一些高校在选拔教育管理人才时不够严格，一些不具备专业素质和能力的人员进入管理队伍。这些人员缺乏责任感和使命感，难以承担起教育管理的重任。管理层级人为设置烦琐，导致信息传递不畅、决策效率低下等问题。

## 三、高等教育管理流程数字化的可行性

### （一）高等教育管理流程再造是高等教育适应市场经济发展的需要

市场经济的深入发展推动了社会资源的优化配置和效益最大化。这要求高等教育管理必须引入市场机制，以适应市场经济的发展需求。高等教育机构需要在市场引导下，根据供求关系调整教育资源的配置，实现效率优化和

竞争机制的有效运作。具体而言，高等教育管理引入市场机制需要从多个方面入手。

### 1.提高教育资源配置效率

高等教育机构应根据市场需求和人才培养目标，合理配置教育资源，包括师资力量、教学设施、科研经费等。同时，应建立健全的绩效评估体系，对教育资源的使用效益进行定期评估，以确保资源的有效利用。

### 2.关注供求关系的变化

高等教育机构应密切关注市场动态，了解人才市场的需求变化，及时调整专业设置和招生计划。通过加强与企业和行业的合作，建立产学研一体化的人才培养模式，以满足社会对人才的需求。

### 3.人性化的教育制度

高等教育机构应注重学生的个性化需求和发展，提供多样化的教育服务和支持。例如，建立灵活多样的课程体系，提供丰富的实践机会和创新创业平台，以激发学生的创新精神和实践能力。

### 4.与人才市场需求相适应的专业设置机制

高等教育机构应根据市场需求和行业发展趋势，调整和优化专业设置，确保所培养的人才能够适应社会的需求和变化。此外，管理信息平台的建设也是高等教育管理引入市场机制的重要一环。通过建立高效的信息管理系统，实现教育资源的数字化、网络化和智能化管理，提高管理效率和服务水平。

在管理机制方面，高等教育机构应引入竞争机制，鼓励内部竞争和合作，激发办学活力和创新动力。同时，建立健全的质量评价机制，对教育质量进行定期评估和监督，以确保教育质量的稳步提升。

## （二）高等教育管理流程再造是实现高校持续发展的需要

在高等教育大众化的过程中，我国高等教育管理也暴露出了一些不合理

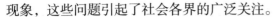

现象，这些问题引起了社会各界的广泛关注。

首先，随着办学规模的扩大，高校在追求规模效益的同时，教育教学质量的保障却面临严峻挑战。一些高校在招生规模迅速扩张的过程中，教育教学资源并未得到同步提升，导致教育教学水平和毕业生能力与素质令人担忧。这种现象在一些地方高校和民办高校中尤为突出，成为影响高等教育质量的重要因素之一。

其次，大规模的新校区建设也加剧了学校的办学负担。为了扩大办学规模，许多高校纷纷建设新校区，这不仅需要大量的资金投入，还带来了如师资短缺、管理困难等一系列问题。一些高校在新校区建设中过于追求硬件设施的完善，忽视了软件建设的同步提升，导致新校区的教育教学效果并不理想。师生比例下降、财政对高校支持的不均衡性等问题也影响了高等教育的办学质量。在一些高校中，由于教师资源有限，师生比例失衡现象普遍存在，导致教师的教学负担过重，难以保证教学质量。财政对高校的投入也存在不均衡性，一些地方高校和民办高校获得的财政支持相对较少，制约了其办学条件的提高和教育教学质量的提升。

## （三）高等教育管理流程再造是信息化、网络化时代的需要

在信息化、网络化的推动下，高校教育已经逐步实现了数字化、智能化和远程化。各类信息化教育模式如雨后春笋般涌现，如在线教育、远程教育、混合式教学等，这些模式不仅丰富了教学手段，也为学生提供了更加便捷、灵活的学习方式。同时，高校教育管理也逐渐实现了信息化，各种教育管理系统、教学平台等应运而生，使高校教育管理工作更加高效、精准。然而，高校教育管理信息化的进程并非一帆风顺。在推进信息化建设的过程中，高校面临着诸多挑战和困难。

高校需要不断更新和完善信息管理系统，以适应信息技术快速发展的步伐。高校需要加强信息化人才的培养和引进，以提高信息化管理水平。此外，高校还需要加强与其他高校、企业等机构的合作与交流，共同推动高校教育信息化的发展。

为了应对这些挑战和困难，高校需要采取一系列措施。高校应该加强

信息化建设投入，提升信息化基础设施建设水平。高校应该加强信息化教育和管理人员的培训，提高他们的信息化素养和技能水平。高校还应该积极探索和尝试新的信息化教育模式和管理方式，以适应信息化时代的发展需求。

在信息化、网络化的时代背景下，高校教育管理信息化的进程不可逆转。改革传统的教育管理流程模式，加快信息化建设，提高高校的信息化管理水平已经成为高校教育事业发展的必然趋势。通过加强信息化管理，高校可以更加高效地开展教育教学工作，提高人才培养质量，为国家的经济社会发展做出更大的贡献。同时，高校教育管理信息化也为师生带来了诸多便利。学生可以随时随地通过在线平台获取学习资源，与教师进行互动交流，打破了传统课堂的时空限制。教师则可以利用信息化工具进行课程设计、教学评估和资源共享，提高教学效率和质量。此外，信息化管理还有助于高校实现数据驱动决策，提升管理决策的科学性和精准性。

当然，高校教育管理信息化的发展仍面临着一些挑战和问题。例如，如何确保信息安全和数据隐私，如何平衡信息化建设与教育教学的关系，如何避免信息技术对教育本质的异化等。这些问题需要高校在推进信息化建设的过程中予以充分关注和解决。

# 第二节　数字化管理工具与技术的应用

## 一、高等教育管理流程中数字化管理工具与技术应用的意义

随着信息技术的快速发展，高等教育管理正在经历一场深刻的变革，数字化和智能化成为这场变革的核心动力。在高等教育管理流程中，数字

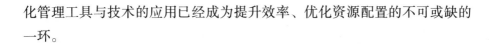

化管理工具与技术的应用已经成为提升效率、优化资源配置的不可或缺的一环。

## （一）数字化管理工具的应用使教学管理更加便捷高效

在过去，传统的教学管理工作往往依赖于烦琐的纸质文档和人工操作，这种方式不仅效率低下，而且极易出错。教师需要花费大量时间手动整理、归档学生的作业、考试成绩等信息，而学生则需要亲自前往教室或办公室提交作业、查询成绩，这无疑增加了双方的负担。

然而，随着科技的不断发展，数字化管理工具已经广泛应用于教学管理领域，极大地改变了这一现状。现在，教师可以通过在线课程平台、电子教学管理系统等数字化工具，轻松发布课程信息、布置作业、组织考试。这些平台通常具备用户友好的界面和强大的功能，使教师可以快速创建课程、上传课件、设置作业和考试，而学生则可以通过手机、电脑等终端设备随时随地访问这些资源，进行学习、提交作业、参与讨论。

数字化管理工具的应用不仅提高了教学管理的效率，还增强了其灵活性。教师可以根据学生的需求和实际情况，随时调整课程内容、作业布置和考试安排。而学生则可以根据自己的时间和节奏进行学习，不再受限于固定的教室和上课时间。此外，数字化管理工具还可以实现数据分析和可视化，帮助教师更好地了解学生的学习情况，从而进行更有针对性的教学。

## （二）数字化管理工具在科研管理、财务管理、行政管理等方面发挥着重要作用

在当今这个信息化、数字化的时代，高校科研管理和财务管理面临着前所未有的挑战与机遇。为此，众多高校纷纷引入科研管理系统和财务管理系统，以实现对科研项目和财务数据的全面数字化管理。通过应用这些系统，高校不仅提高了科研和财务管理的透明度和效率，还推动了管理水平的精细化和科学化。

首先，科研管理系统的应用使高校科研项目的申请、审批、进度跟踪等全过程实现了数字化管理。科研人员可以通过系统提交项目申请，相关部门则可以在线进行审批，大幅缩短了项目申请和审批的周期。同时，系统还可以实时记录项目的进度和成果，方便管理人员进行监控和评估。这种数字化管理方式不仅提高了科研管理的透明度，使各个环节的操作都清晰可见，还使管理更加高效，减少了人为错误和疏漏。

其次，科研管理系统还具备数据分析和挖掘功能。通过对科研项目数据的收集、整理和分析，系统可以帮助高校管理者深入了解科研活动的特点和规律，发现潜在的问题和改进空间，为科研决策提供更加科学、准确的依据。

## 二、数字化管理工具与技术应用的实践——以数字化校园建设为例

随着信息化浪潮的汹涌而至，我国高校的数字化校园建设呈现出前所未有的发展态势。数字化校园建设不仅是一场技术革新，更是一场深刻的教育管理改革。

### （一）信息化一站式服务

网上一站式服务大厅，即One-Stop Services，是一种基于业务流程管理的高效服务模式。这种服务模式的出现极大地提高了高校的服务效率和质量，为师生提供了更加便捷、高效的服务体验。

在网上一站式服务大厅中，业务流程的整合和优化是关键。这些业务流程不仅包括单个部门内部的业务流程，还涵盖了多个部门之间的跨部门业务流程。通过梳理和优化这些流程，网上一站式服务大厅能够实现业务办理流程的标准化和规范化，减少不必要的环节和等待时间，从而提高业务办理的效率。

## （二）网上一站式服务大厅的建设思路

1.网上一站式服务大厅建设的基础

（1）基础平台及应用系统

在现代高校运营中，信息技术的应用已经变得不可或缺。为了高效、准确地处理各项事务，人事、教务、学务、财务、科研、资产等业务部门都应各自拥有独立的应用系统。这些系统不仅提供了各项业务的自动化处理功能，还能够大幅提高工作效率，减少人为错误，为学校的日常运营提供坚实的技术支持。

学校通过构建信息门户和统一身份认证等基础平台，为学校各业务应用系统提供了单点登录和认证授权的功能。这一举措极大地方便了用户的使用，用户只需通过一次登录，即可快速、便捷地访问各个应用系统，无须在每个系统上都进行烦琐的登录操作。同时，统一身份认证还确保了用户访问的安全性，有效防止了未经授权的访问和数据泄露的风险。

在构建基础平台及应用系统的过程中，学校还注重了用户体验的提升。通过优化界面设计、增加互动元素等方式，使系统更加易于操作和理解，为用户提供了更加友好的使用体验。此外，学校还定期收集用户反馈，对系统进行持续改进和优化，以满足用户不断变化的需求。

（2）数据基础

在信息化建设中，数据基础是至关重要的一环。为了确保数据的准确性、完整性和一致性，学校采用了统一的编码规范，并在全校范围内建立了共享数据中心。这一中心成为学校数据管理的核心，为各个业务系统提供了统一的数据来源和存储平台。

在学校各个业务系统数据库和共享数据中心之间，学校建立了双向联系，实现了各个业务系统间数据的共享。这一举措打破了数据孤岛，使学校能够全面、准确地掌握各项业务的运行情况，为决策提供有力支持。共享数据中心不仅是业务流程的基础，更是学校信息化建设的重要支撑。

2.网上一站式服务大厅的建设思路

以南京审计大学网上一站式服务大厅为例，其建设思路可谓深入且全面。

这不仅是一项技术性的工作，更是一项需要全校各部门共同参与、协调与管理的全局性工作。下面将从多个维度对其建设思路进行详细的解析和阐述。

首先，从顶层设计的角度来看，网上一站式服务大厅的建设需要站在学校的整体视角下进行统一规划、管理和协调。涉及多个部门的协同作战，要求各部门能够打破传统的信息孤岛，实现数据的互通有无和流程的共享。只有通过这样的顶层设计，才能确保网上一站式服务大厅能够真正发挥其作用，提高办事效率，优化服务体验。

其次，前期调研也是网上一站式服务大厅建设不可或缺的一环。在这一阶段，需要对业务流程的用户需求进行全面调研，包括教职工和学生等各个群体。通过调研，可以充分了解用户对于网上一站式服务大厅的期望和需求，以及他们在使用过程中可能遇到的问题和困难。同时，还需要考虑到同一部门、院系进行批量申请和审批的需求，以及多个跨部门业务流程的协同处理等问题。只有充分考虑到这些因素，才能制定出符合实际需求的业务流程。

除了以上几个方面外，网上一站式服务大厅的建设还需要注重用户体验和信息安全。在用户体验方面，可以通过优化界面设计、简化操作流程、提供个性化服务等方式来提升用户的满意度和忠诚度。在信息安全方面，需要加强数据的安全保护，防止数据泄露和非法访问等问题的发生。

## （三）网上一站式服务大厅的系统架构

经过对网上一站式服务大厅的系统架构进行深入分析，可以将其划分为数据层、业务层以及可视化表示层三个主要部分。系统设计的整体架构如图4-1所示。根据图4-1所展示的内容，可以对各主题分层的功能研发设计进行如下剖析和分述。

### 1.数据层

在现代化信息管理体系中，数据层扮演着至关重要的角色。这一层次的核心是构建并维护一个高效、安全的数据库系统，涵盖了用户、流程、日志、文档等多个关键领域。这些数据不仅关乎组织内部的信息流动和共享，更对外部合作与沟通起着基础支撑作用。

具体而言，用户数据库是学校信息化建设的基石，它记录着每一位教师或学生的基本信息、学习进度、成绩数据等关键内容。通过与学校共享数据库的同步机制，确保了用户数据的实时性、准确性和一致性。这种数据同步不仅方便了学校管理层对各项数据的统计和分析，也为师生提供了更加便捷的服务体验。流程数据库则是实现业务流程自动化的重要工具。它详细记录了所有流程相关的数据，包括流程节点信息、流程图、流程表单以及执行周期等。这些数据不仅有助于管理者对业务流程进行监控和优化，也为员工提供了清晰的流程指引和操作规范。为了实现数据的集成和共享，ODI（Oracle Data Integrator）技术被广泛应用于数据层。通过ODI，不同来源、不同格式的数据得以统一整合，为业务层提供了强大的数据支撑。

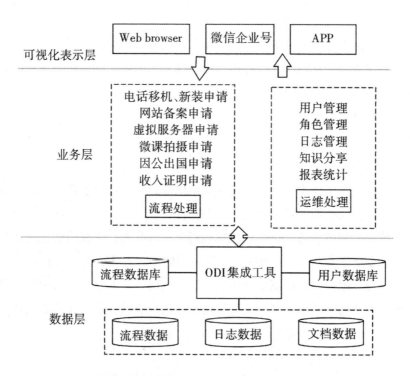

图4-1 基于流程管理的网上一站式服务大厅系统架构图

2.业务层

业务层是信息化管理体系中的核心部分，它负责处理用户通过可视化表示层提交的流程申请。这一层次的工作内容涵盖了流程管理和综合管理两大方面。在流程管理方面，业务层会根据用户提交的申请信息，自动匹配相应的业务流程并进行处理。包括流程的启动、流转、审批、归档等各个环节。通过自动化流程管理，大大提高了工作效率，降低了人为错误的风险。综合管理则是对整个业务层进行全局性的管理和协调。它涵盖了用户与角色管理、日志管理、知识分享以及报表统计等多个功能。用户与角色管理确保了不同用户根据其职责和权限访问与使用相应的系统资源。日志管理则记录了所有用户在系统中的操作行为，为后续的审计和追溯提供了依据。知识分享功能则促进了组织内部的知识积累和传承，提高了员工的专业素养和技能水平。报表统计功能则提供了丰富的数据分析和可视化工具，帮助管理者更好地了解业务状况和发展趋势。

用户在网上提交流程申请后，可实时追踪并监控整个流程的状态及审批结果，确保流程的透明化与可控性。对于涉及多个职能部门协同审批的复杂流程，系统能够智能提醒相关负责人及时进行审批，有效减少流程等待时间，显著提升服务效率。

3.可视化表示层

可视化表示层作为整个系统的重要组成部分，为用户提供了直观、便捷的交互界面，使他们能够轻松完成各种操作。在这一层级中，用户可以通过多样化的渠道和方式进入平台，包括通过Web浏览器、学校的微信企业号以及专用的APP等。Web浏览器作为一种通用的访问方式，为用户提供了广泛的接入途径。用户只需在浏览器中输入平台的网址，即可进入可视化表示界面。界面设计简洁明了，用户友好性强，使用户能够轻松找到所需的功能和操作按钮。电话移机服务流程界面如图4-2所示。

图4-2 电话移机服务流程界面图

# 第三节 管理流程数字化的实施与保障

## 一、高等教育管理流程数字化的实施策略

鉴于高等教育管理流程再造所面临的诸多现实问题，高校应当积极采取切实有效的措施，进一步优化教育流程再造模式。具体而言，高校应致力于创新管理理念和方式，不断更新教育管理思想，并对教育组织结构和教育管理流程进行全新的设计。通过这样的努力，最终将形成一套以创新能力为核心的高等教育管理运行体系，以更好地适应时代发展的需求，推动高等教育质量的持续提升。

### （一）构建网状型高校管理流程体系

流程再造理论是高等教育管理改革的重要方向，它要求构建网状型管理体系。

首先，从教育内涵和功能入手，高校必须对传统的教育流程模式进行深入的更新和改革。传统的教育管理模式往往过于行政化，存在"官本位"的管理意识，以及"家长制""一言堂"的传统管理方法。这些模式不仅限制了高校的自主权和创新能力，还阻碍了高等教育的发展。因此，高校需要打破这些陈旧的管理模式，以更开放、民主、科学的管理方式，促进教育的健康发展。同时，高校还需要对弱化"教授治校"、弱化教学、科研的中心地位等不合时宜的管理模式进行改革。教授作为学术领域的权威，应该在教学和科研中发挥更大的作用。高校应该建立以教授治校为核心的管理模式，充分发挥教授在决策、管理、教学、科研等方面的作用，提升高校的教育质量和学术水平。此外，高校还需要对阻碍高等教育发展的规章制度进行清理。一些过于烦琐、僵化、不合时宜的规章制度，往往限制了高校的自由度和灵活性，影响了教育质量和效率。因此，高校需要对这些规章制度进行审视和改革，以更加符合时代发展和教育需求的方式，推动高等教育的进步。

其次，高校需要采用校、院、系分级负责制度，落实责任制并实施流程工作绩效制度。通过明确各级职责和权力，建立起高效、有序的管理体系。同时，高校应该充分发挥教授治校、专家治校的管理方式，发挥教学专家和学生在教师教学质量评估中的作用。这不仅可以提升高校的学术水平和教育质量，还可以增强高校的凝聚力和向心力，形成一支强大的具有先进教育管理理念的管理团队。为了实现这一目标，高校还需要辅之以一套严格的管理制度。这些制度应该包括教学质量监控、科研项目管理、人员绩效考核等方面的内容，以确保高校的各项工作都能够按照既定的目标和要求有序进行。通过这些制度的实施，高校可以实现教育决策的科学化、开放化、民主化，实现"管理就是为了不管理"的最终目的。

## （二）树立以生为本观念，强化服务意识

企业流程再造作为一种创新的管理方式，其核心目标就是创造价值，更好地满足顾客的期望。与此相似，高等教育管理流程的再造也显得尤为关键，因为它直接关系到学生的成长与发展，是人力资源管理的重要组成

部分。

　　高等教育管理作为人力资源管理的一个细分领域，同样需要遵循人力资源管理的核心理念和模式。其中，激发人的活力、发挥人的潜能、调动人的积极性，以及确保目标的实现都是至关重要的环节。高等教育管理还需要对人力资源进行计划、组织、支持，以实现人力资源的合理配置与管理。这种管理模式的转变，给高等教育管理带来了深刻的启示。

　　首先，将学生的身心成长视为教育的本质和目的。学生作为高等教育的主体，他们的个性、兴趣、能力等方面的发展，都应该成为关注的焦点。应该努力将学生普遍表现出的个性转化为一种自觉的能力，培养他们的自主性、创新性和批判性思维能力。

　　其次，树立以生为本的观念。在实施以生为本的高等教育管理过程中，可以借鉴一些具体的实践案例。例如，一些高校通过创新人才培养计划，实行学分制改革和弹性学习制度，为学生提供更多自主选择的空间。同时，他们还注重因材施教，根据学生的不同特点和需求，制定个性化的教学方案。这些实践案例都充分展示了以生为本观念在高等教育管理中的应用和价值。

## （三）加强教育管理信息平台建设

　　在信息化时代的浪潮中，现代化的信息技术手段为高等教育管理流程的再造提供了前所未有的技术支持，并在其中扮演着至关重要的驱动角色。通过信息技术的广泛应用，各类教学业务、学籍管理、培养方案、人力资源等核心工作得以进入信息平台，实现了动态化、电子化、智能化的工作方式，极大地提高了管理效率和质量。

　　在教学管理方面，加强教学网络管理系统的建设是再造高等教育管理流程的重要一环。该系统应涵盖专业管理、教学管理、教材管理、课程管理、师资管理等多个方面，形成一个集资源存储、管理、评价为一体的综合性教学资源管理平台。通过这样的平台，教师可以更加便捷地获取教学资源，制定教学计划，优化教学方法；学生可以更加自主地选择课程，制订学习计划，实现个性化学习。选课系统的优化也是再造高等教育管理流程的重要一环。通过优化选课系统，学生可以更加便捷地了解课程设置、教师信息、课程评价等信息，并根据自己的兴趣和需求自主制订学习计划。选课系统还应支持学生自主选择学习方式，如在线学习、自主学习等，以满足学生多样化的学习需求。在人际交往管理方面，信息技术的广泛应用也带来了深刻的影响。

## 二、高校管理流程数字化实施的保障策略

为确保流程管理体系的顺利实施和有效落实，必须制定并实施一系列科学有效的保障措施。这些关键保障措施主要包括但不限于以下方面。

### （一）学校领导重视和直接参与

学校领导对于高校流程再造工作的重视与直接参与，无疑是该工作取得成功的基石与关键所在。然而，也不得不正视一个事实，那就是大多数流程再造的失败，往往源于领导者在这方面的支持或推行力度不足。那么，为何领导者的态度与行动如此关键呢？

首先，高校的流程再造工作，尤其是流程管理体系的构建，并非一项简单的任务。它涉及整个学校管理流程的梳理与优化、工作分工的重新调整、先进技术的应用以及文化价值的重塑等多个方面。这些变革不仅需要领导层具备前瞻性的视野和创新的思维，更需要他们抱有坚定不移的决心和毅力。

其次，流程再造工作的推进往往需要跨越多个部门和学科，涉及众多的利益相关者和复杂的利益关系。在这个过程中，领导者的角色至关重要。他们需要发挥协调与整合的作用，确保各部门之间的顺畅沟通与协作，共同推动流程再造工作的顺利进行。此外，流程再造工作的成功还需要大量的制度保障、资金支持以及人力资源的投入。这些都需要领导者在制度设计、资金筹措以及人才选拔等方面给予大力的支持和帮助。只有如此，才能确保流程再造工作有足够的资源和动力，进而达到预期的目标。

因此，学校高层领导必须高度重视并直接参与流程再造和流程体系的建

设工作。他们不仅要为这项工作提供必要的支持和保障，还要在关键时刻发挥领导作用，引领全校师生共同推动流程再造工作的深入开展。当然，应该认识到流程再造工作并非一蹴而就。它需要全校师生的共同努力和持续投入。在这个过程中，领导者需要保持持续的、强有力的支持，为这项工作提供源源不断的动力。只有这样才能克服各种困难和挑战，确保流程再造工作的最终成功。

## （二）加强制度建设，保障流程实施

流程管理和制度保障二者之间的关系可谓相辅相成、密不可分。它们就像河道疏通与堤坝建设一样相互依存，共同维护着管理的稳定与高效。如果将管理比作治理河道，那么流程管理就像是疏通河道，制度则是巩固河道的堤坝。以高校为例，流程管理和制度保障在高校的运营中扮演着至关重要的角色。高校作为一个庞大的组织体系，涉及众多的业务流程和管理工作。通过重新设计流程并建立流程管理体系，高校可以更加高效地进行各项工作。然而，仅有流程是不够的，高校还需要加强制度建设，通过制度来规范和保障流程的执行。

## （三）构建完善的信息管理平台，建设数字化校园

在现代高校的管理工作中，随着信息技术的飞速发展和广泛应用，高校为了满足各种管理需求，通常会构建众多独立的信息系统。这些系统涵盖了教务、招生就业、学生管理、图书借阅、财务、人事、文件传递、档案管理以及资产管理等多个方面，它们共同构成了高校信息化建设的基石。

这些信息系统虽然各自独立，但它们之间却存在着千丝万缕的联系。在高校的日常管理中，各个系统之间需要相互调用数据、共享基础信息，以实现信息的有效传递和高效利用。例如，在图书借阅系统中，为了确定学生的借书权限，系统需要调用学籍系统中的学生信息，包括姓名、学号、所在学院、专业等信息。在文件传递系统中，为了确保文件审批和传递的准确性和高效性，系统需要调用人事系统中的学院教职工职位和部门信息，以便根据

教职工的职务和职责来确定文件的流转方向和审批流程。此外，在学生管理系统中，奖学金评定是一个重要的环节。为了公平、公正地评定奖学金，系统需要从教务系统中调取学生的成绩信息，包括各科成绩、绩点、排名等，以便根据预设的评定标准对学生进行综合评分。同样，在招生就业系统中，为了提供精准的招生宣传和就业指导服务，系统需要调用学生管理系统中的学生个人信息和兴趣爱好数据，以便根据学生的特点和需求制定相应的招生简章和就业推荐方案。

# 第五章　教育数字化战略下高等教育管理模式的创新

　　随着科技的飞速发展，教育数字化战略逐渐成为高等教育领域的重要发展方向。在这一战略下，高等教育管理模式不断进行创新，以适应数字化时代的需求。传统教学模式以面对面授课为主，教师与学生在课堂上进行互动交流，这种教学模式具有直观性、互动性强的特点，但也面临着一些挑战，如时间和空间限制、教学资源有限等问题。为了克服这些挑战，线上教学模式、混合式教学模式应运而生。这些模式具有显著的优势，适应了数字化时代的需求。本章就对教育数字化战略下高等教育管理模式的创新展开分析和探讨。

# 第一节　传统管理模式的局限性

## 一、体制僵化

传统的高等教育管理模式长久以来都倾向于强调规范和统一，却在一定程度上忽视了灵活性和多样性。这种以"一刀切"为主导的管理体制，尽管在维护教育秩序和确保教育质量方面发挥了一定的作用，但也在无形中束缚了教师和学生的创新思维和实践能力的发展。在快速发展的当今社会，教育领域的创新和变革显得尤为重要，而传统的高等教育管理模式显然已经无法满足这一需求。

这种僵化的管理体制导致了教育过程缺乏活力和创新性。在传统模式下，教育者往往过于依赖固定的教学计划和课程大纲，而忽视了学生的个性化需求和学习兴趣。同时，学生也往往被束缚在固定的学习模式和评价体系中，难以充分发挥自己的潜力和创造力。这种缺乏活力和创新性的教育环境，不仅影响了学生的学习效果，也限制了他们未来的发展空间。

更为严重的是，这种僵化的管理体制还导致了教育资源和机会的不平等分配。在传统的高等教育管理模式下，教育资源和机会往往被少数精英所垄断，而广大学生的个性化需求和发展空间受到限制。这不仅加剧了社会的不平等现象，也阻碍了社会的全面发展和进步。

## 二、思维方式单一

在传统的高等教育管理模式中，不难发现一种普遍存在的问题：往往过于依赖单一的思维方式来解决问题，而缺乏跨学科的交流和合作。这种思维模式不仅限制了教育的深度和广度，使高等教育难以适应快速变化的社会需求，更在某种程度上背离了教育的初衷和本质——培养具有批判性思维和创新能力的人才。

在传统的高等教育管理模式中，各学科往往各自为政，彼此之间缺乏交流和互动。导致知识的碎片化，使学生难以形成完整的知识体系。同时，由于缺乏跨学科的思维方式，学生在面对复杂问题时往往难以从多个角度进行思考和分析，从而限制了他们的思维深度和广度。

# 第二节　线上教学模式的兴起与发展

## 一、线上教学模式的兴起与发展

线上教学模式的兴起与发展是教育领域的一次深刻变革。在科技日新月异的今天，互联网技术已逐渐渗透到教育的各个环节，推动了线上教学模式的快速发展。

首先，线上教学模式的兴起得益于互联网技术的普及和进步。随着网络带宽的提升和移动设备的普及，人们可以随时随地接入互联网，享受便捷的学习资源，为线上教学提供了广阔的空间和无限的可能。通过线上教学平台，学生可以轻松获取各种课程和学习资料，与老师和同学进行实时互动，打破了传统教育的时空限制。

其次，线上教学模式的发展也受到了教育需求多样化的推动。在传统教育模式下，学生的学习进度和方式往往受到诸多限制，无法满足个性化学习的需求。而线上教学则可以根据学生的兴趣和需求，提供定制化的学习计划和资源，让每个学生都能在最适合自己的方式下进行学习。同时，线上教学还注重培养学生的自主学习能力和创新精神，鼓励他们积极参与讨论和实践，从而提高学习效果和综合素质。

此外，线上教学模式还在不断发展和创新中。随着人工智能、大数据等技术的广泛应用，线上教学平台已经能够更准确地分析学生的学习情况和进度，为他们提供更加精准的指导和建议。同时，线上教学也在积极探索虚拟现实、增强现实等前沿技术的应用，为学生提供更加沉浸式和互动式的学习体验。

但线上教学模式的兴起与发展也面临着一些挑战和问题。如何保证线上教学的质量和效果？如何加强师生之间的沟通和互动？如何防止线上教学中的作弊和抄袭行为？这些问题都需要高校不断探索和解决。

总之，线上教学模式是教育领域的一次重要变革，它为学生提供了更加便捷、灵活和个性化的学习方式，同时也为教育的发展带来了新的机遇和挑战。

## 二、高校线上教学管理面临的机遇与挑战

小初高基础教育阶段，课程与教材已实现统一化，知识点明确且固定，考核标准清晰，信息化资源丰富，为开展线上教学提供了有利条件，使教学管理工作相对简便。而高等教育阶段则承载着培养国家高素质人才的重要使命，部分高校更以就业为导向，致力于培养应用型人才，因此教学内容呈现出较大的差异性，信息化资料相对匮乏，导致教学管理面临诸多困难。

## （一）机遇

### 1.推进高校教育教学改革

长期以来，高校教师已经习惯了传统的授课模式，这种模式虽然稳定，但在信息时代的背景下却显得相对滞后。特别是在新冠疫情期间，全球范围内的高等教育都受到了前所未有的冲击。为了完成教学任务，高校教师不得不从传统的面对面授课转向线上教学。这一转变不仅促使教师革新教育理念，更是激发了他们探索线上教学模式的热情。

线上教学的开展使教师开始深入了解和运用信息技术，将其与教育进行有机融合。通过线上平台，教师可以更加灵活地组织教学活动，如在线讨论、互动问答等，有助于激发学生的学习兴趣和积极性。同时，线上教学也使学生可以随时随地参与学习，不受时间和地点的限制，提高了学习效率。

随着线上教学的不断深入，高校开始建立起线上线下教学相结合的常态化机制。这种机制不仅有利于提升教学质量，更有助于培养学生的自主学习能力和创新精神。同时，这也为高校未来的教育教学模式改革提供了宝贵的经验和启示。

### 2.完善高校信息化建设

新冠疫情的暴发为高校大规模实施线上教学提供了难得的契机。为了应对疫情带来的挑战，高校纷纷加强信息化建设，提升教师的信息化素养。在这一过程中，教师不仅提高了对信息技术的运用能力，更对信息化教学有了更深入地理解和认识。

大规模的线上教学不仅是对教师信息化素养的考验，更是对高校以往信息化建设与使用水平的检验。通过实践，高校发现了信息化建设的短板和不足，如网络设施不完善、教学平台功能不齐全等。针对这些问题，高校积极采取措施进行改进和完善，为未来的信息化建设提供了指导。

随着信息技术的持续发展和普及，线上教学已经成为教育领域的一个重要发展趋势。高校作为人才培养的重要基地，更应该积极拥抱这一趋势，加强信息化建设，提升教学质量和效率。同时，高校还可以积极申报在线教学类课题，深入探究线上教学的特点和规律，为未来开展融合式教学改革奠定基础。

### 3. 增强高校风险应对能力

线上教学体系的建立为高校应对突发状况提供了有力的保障。线上教学确保了教学活动的正常进行。同时，线上教学也为学生提供了更加灵活的学习方式，帮助他们更好地应对挑战。此外，教育信息化的落实和线上教学体系的完善还有助于提升高校的国际竞争力。在全球化背景下，高校需要不断提升自身的教学质量和创新能力，以吸引更多的优秀学生和教师。教育信息化和线上教学的开展，正是提升高校国际竞争力的重要途径之一。

## （二）挑战

随着信息技术的飞速发展，线上教学在高等教育中已占据举足轻重的地位。然而，尽管线上教学带来了诸多便利，但在实际操作中，高校亦需面对一系列问题和挑战。

首先，线上教学资源匮乏，因高校专业设置的多样性及课程内容的繁杂性，各校教学资源难以统一。即便课程相同，由于教材选择、教学方法等差异，线上教学资源也可能存在显著差异。尤其对于依赖"手把手"教学的专业如物联网工程、舞蹈编导等，线上教学资源匮乏问题更为突出。此外，随着新教材的不断涌现及教学模式的多样化，多数课程的线上教学资料尚未形成完整体系，新专业的线上学习资料尤为匮乏，给教学管理带来一定难度。

其次，部分教师信息素质有待提高。尽管高校教师具备深厚的理论知识和专业造诣，但受传统教学模式影响及线上教学经验的缺乏，其信息化教学基础相对薄弱。部分教师对线上直播平台及视频录制技术了解不足，难以适应教学模式的转变，影响备课资源准备及教学策略的选择，进而影响线上教学质量。

最后，保障制度的缺失亦是一大挑战。线上教学导致高校教学管理秩序受到一定影响，师生及管理者间的交流受限，难以实现高效沟通。这导致对学生的管理仅限于签到，难以有效监控学习状态。同时，教学平台运行的稳定性、画面卡顿、声音等问题缺乏明确解决方案，教学质量保障及学生学习效果测评等问题亟待解决。为解决这些问题，高校需建立完善的线上教学管理制度和机制，确保线上教学的顺利进行和效果实现。

在全国范围内大规模推进线上教学的背景下，高校需积极应对挑战，探索有效的线上教学管理模式。一方面，高校应整合和优化线上教学资源，建立统一的线上教学平台，实现资源共享和互通；另一方面，加强教师信息化教学能力的培训和提升，提高教师信息素质和教学水平。同时，建立完善的线上教学管理制度和机制，确保线上教学的顺利进行和效果实现。

# 三、高校线上教学管理的创新发展模式

## （一）慕课

### 1.慕课的内涵

慕课，即Massive Open Online Courses（MOOC）在数字化浪潮的推动下，慕课作为高等教育的最新创新之一，正在逐步改变我们接受知识的传统方式。正如詹姆斯T.弗林（James T. Flynn）所言，慕课无疑是颠覆性创新现象的典型代表，它们打破了地域、时间的限制，使学习变得更加灵活、自主。

慕课是推动教育变革的创新举措，核心理念是实现优质教育资源的全球共享，以及现代教育与信息技术的深度融合。在慕课平台上，你可以轻松访问到全世界知名高校的课程，只需一部手机或电脑，就能随时随地进行学习。这种便利性和开放性无疑极大地丰富了大众的学习方式，使知识获取变得更加高效和便捷。

慕课不仅汇集了世界上最优质的教育资源，还以免费、开放的形式供大众使用。然而，当前将慕课称为"课程"，实际上是一种泛化意义的名称。受限于慕课本身的某些缺陷，如缺乏面对面的互动、实践环节较少等，慕课目前尚未完全实现教育学概念上的课程本质。但即便如此，慕课依然可以被视为现代课程的有益补充与提高。

2.慕课的特点

慕课教学模式作为一种网络教学的延伸，虽然已经存在了十几年，但是它与以往的网络教学模式，尤其是"在线课程"有着较大的区别。这种区别使慕课教学模式具有了显著的自身特征。

（1）大规模

慕课即大规模开放在线课程，其核心特征之一就是"大规模"。这里的"大规模"主要体现在课程的学习人数上，与传统课堂教学有明显区别。传统课堂教学因为班级面积、教师精力等因素的限制，同一门课程的学习人数是有限的。然而，慕课却打破了这一限制，使同一门课程的学习人数可以达到惊人的数量。

在慕课模式下，学习者的人数理论上是没有上限的。这意味着，一门课程的受众可以扩展到几千、几万甚至更多。这种没有人数限制的课堂教学模式在人类历史上是前所未有的。正是因为这一特点，慕课在近年来受到了全球范围内的关注和追捧。

2011年秋季，美国斯坦福大学的Sebastian Thrun和Peter Norving两位教授联手开设了一门《人工智能导论》的慕课课程。这门课程吸引了来自190多个不同国家和地区的16万余名学习者注册学习，堪称慕课"大规模"特性的完美体现。这个例子充分说明了慕课的大规模特征是其本质属性。与传统课堂教学相比，慕课在人数上的优势使它具有更广泛的影响力。同时，这也为教育资源的共享和优化提供了可能性。在这种模式下，教师可以更好地发挥自己的专业素养，为广大学习者提供高质量的教育资源，从而实现教育公平和效率的提升。

（2）开放性

开放性是慕课的核心特质，它体现了慕课无边界的教育理念。在传统的教学中，学习时间、地点和方式的限制曾经束缚了无数渴望求知的人们。然而，慕课的诞生打破了这些束缚，让学习资源得以无拘无束地共享。在互联网时代，资源共享已经成为一种基本特性，而慕课正是这一特性的践行者。

慕课课程的开放性为广大学习者提供了一片平等的学习天地。只要具备最基本的上网条件，任何人都能够注册学习慕课课程。在这里，年龄、性别、宗教信仰、地域和空间等因素都无法成为阻碍学习的障碍。这种无边界的教育模式，让知识得以跨越国界、民族和文化的差异，真正实现了全球范围内的教育公平。

开放性不仅体现在慕课的课程设置上，还体现在教学模式的多样性上。慕课平台吸引了来自世界各地的优质教育资源，涵盖了不同学科、不同层次的课程。学习者可以根据自己的兴趣和需求，自由选择学习内容。此外，慕课还提供了一种全新的学习方式，即线上互动学习。通过网络，学习者可以与来自五湖四海的同行交流心得，共同进步。这种跨越地域的合作与互动，极大地丰富了学习者的学习体验。

（3）交互性

慕课作为一种新兴的教育教学模式，其交互性特点在很大程度上弥补了传统课堂教学在师生互动、学生互动方面的不足。传统课堂教学由于受到时间、地点等因素的制约，师生之间的交流往往局限于有限的课堂时间内，学生之间的互动也大多局限于小组讨论的形式，其交互性相对较小。慕课基于软件系统设置构建起来的交互条件，则为师生之间的交流提供了更为广阔的平台，使师生之间的互动更为深入、广泛。

在慕课学习过程中，主讲教师和助教全程参与和监督课程教学的全过程，及时关注了解每个学生的学习情况。这种全程参与和监督的方式，不仅使教师能够及时发现学生的学习困难，并及时给予指导和帮助，同时也能够使教师更好地了解学生的学习情况，从而调整教学策略，提高教学效果。

在慕课平台上，师生可以在线上讨论区进行互动。学生可以提出问题，同学之间可以对问题进行答疑。主讲教师会根据同学讨论的情况，对学生提问比较集中的问题在线上或线下进行详细解答，实现了教与学之间的及时反馈互动。这种互动方式使学生能够及时解决学习中的问题，提高学生的学习参与程度。

3.高校慕课管理模式的实施策略

高校慕课管理模式的实施策略是一个多维度、系统性的工作，旨在提高教学质量、优化资源配置并推动教育创新。

（1）加强课程质量监控与评估

在慕课管理模式下，课程质量是核心要素。高校应建立严格的课程质量监控机制，确保慕课内容的前沿性、科学性和实用性。同时，定期开展课程质量评估，收集学生和教师的反馈意见，及时调整课程内容和教学方法，以满足学生的学习需求。

（2）优化慕课平台建设与运营

慕课平台作为高校慕课管理的重要载体，其建设与运营水平直接影响学生的学习体验。高校应加大对慕课平台的投入，提升平台的稳定性、安全性和易用性。同时，加强与国内外知名慕课平台的合作与交流，借鉴先进经验，提升本校慕课平台的竞争力。

（3）推进教师队伍建设与培训

教师是慕课教学模式中的关键因素。高校应重视慕课教师队伍的建设与培训，选拔具有丰富教学经验和创新精神的教师参与慕课教学。同时，定期开展慕课教学培训，提升教师的教学能力和慕课制作水平，确保慕课教学的质量和效果。

（4）强化学生支持与服务体系

在慕课教学模式下，学生支持与服务体系显得尤为重要。高校应建立完善的学生支持与服务机制，包括提供学习辅导、答疑解惑、课程咨询等服务，帮助学生更好地适应慕课学习模式。同时，建立学生反馈渠道，及时收集并处理学生的问题和建议，不断提升学生的学习满意度。

（5）推动慕课与传统课堂的融合创新

慕课教学模式与传统课堂教学各有优势，高校应积极探索慕课与传统课堂的融合创新路径。可以将慕课作为传统课堂的补充和延伸，让学生在课前通过慕课预习知识，在课后通过慕课复习巩固。也可以将慕课作为选修课程或通识课程，满足学生的个性化学习需求。

## （二）微课

### 1.微课的概念

2008年，美国新墨西哥州圣胡安学院的戴维·彭罗斯（David Penrose）最先提出微课的概念，他认为微课是利用建构主义理论进行构建的，以线上学习和移动学习为主的教学形式，是一种基于在线课程而优化得到的更快捷方便的新型教学模式。[①]

中国学者胡铁生教授不仅是微课领域的先驱，更是最早为微课概念给出明确定义的人。他的研究成果为广大教育工作者提供了宝贵的理论指导，为我国教育事业发展做出了贡献。在2011年10月，胡铁生老师经过深入研究，对微课的概念进行了明确阐述。他认为，微课是一种以教学视频为主要载体，根据课程标准和课堂教学实际精心设计的教学模式。这种教学模式主要针对某个具体的知识点或教学环节，以精彩的教学活动为主线，将多种教学资源有机地融合在一起。

微课的定义强调了教学视频的核心地位，它是教师在课堂实际教育教学中开展教与学活动的关键载体。通过简短、精练的教学视频，教师能够将知识点或教学环节生动、形象地展示给学生，使学生在短时间内快速掌握所学内容。胡铁生教授对微课的定义，为我国教育界提供了一种新型教学方法的理论和实践依据。微课不仅有助于提高教师的教学效果，增强学生的学习兴趣，还能有效弥补传统课堂教学的不足。在当前教育信息化的大背景下，微课作为一种创新的教学方式，有望在我国教育领域发挥更大的作用。

"微课"主要是指针对教学中某个具体的知识点或者单个习题、实验进行针对性地讲解，以短小精悍，录制时长一般在5到8分钟的视频为主要载体，承载着课堂知识的传授过程。教师课上播放的某些趣味视频或生活现象视频也是微课资源的重要组成部分，与微课教学有关的其他资源（如微课的教学

---

① 洪岩，梁林梅.从精英到公众的开放资源：TED 的发展及启示[J].现代教育技术，2013，23（4）：12-15.

设计、各种素材、反思、测验、学生反馈等）也是设计与制作微课不可或缺的部分。这些资源通过利用各种在线平台或微博、微信等网络软件为媒介，非常方便地实现了资源传播和共享。学习者只需利用互联网和电子设备（手机、平板等）就可以随时随地进行自主、个性化地学习。

2.微课的分类

根据不同的分类标准，微课有多种分类方式，作者仅选择了下面两种较为常见的分类方式进行分类介绍。

（1）按照教学方法分类

根据教学时所采用的教学方法可将微课分为七大类：讲授类、问答类、启发类、讨论类、演示类、练习类、实验类。一节微课可以是只属于某一类型的微课，也可以是两种或者两种以上类型的组合（如练习类和实验类结合）。不过，微课也并不是确定不变的，随着教学方法和手段的创新，微课类型也应该随之进行更新，在教学实践中发展和完善。

（2）按照教学环节分类

按照应用微课的不同教学环节进行分类，可以将微课分为课前预习型、课中讲解型、课后巩固型三种。

课前预习型微课。课前预习环节是教学活动中不可或缺的重要环节，有效的预习可以大大提高课堂效率。课前预习型微课是指教师根据实际课程需要所录制有关本节内容的知识铺垫或背景介绍的相关视频，用于正式上课之前，由学生自行观看。

课中讲解型微课。课堂教学是教学活动的中心环节，课堂教学的效果将直接影响学生对知识的掌握情况。课中讲解型微课便是教师为了帮助学生理解抽象概念，或直观展示某些具体现象等在课上所使用的视频微课。

课后巩固型微课。为了帮助学生构建自己的知识体系，更好地消化和掌握知识，将课堂知识点进行精华提炼，归纳梳理，配以习题训练制作而成的由学生课后自行观看学习的微课。

3.高校微课管理模式的实施策略

高校微课管理模式在不断地深化与完善中，逐渐形成了一套科学、系

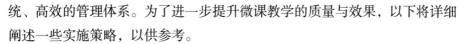

统、高效的管理体系。为了进一步提升微课教学的质量与效果，以下将详细阐述一些实施策略，以供参考。

（1）强化微课资源建设与管理。高校应充分利用现代信息技术手段，构建微课资源共享平台，实现微课资源的统一管理和高效利用。同时，加强对微课资源的审核与筛选，确保资源的质量与适用性。此外，建立微课资源更新机制，定期更新和补充新的微课内容，以适应教学需求的变化。

（2）完善微课教学设计与评价体系。高校应鼓励教师积极探索微课教学的新模式、新方法，注重教学内容的创新与实用性。同时，建立科学的微课教学评价体系，从教学目标、教学内容、教学方法、教学效果等方面对微课进行全面评价，以指导微课教学的持续改进。

（3）加强微课教学的培训与推广。高校应定期组织微课教学培训活动，提升教师的微课设计与制作能力。同时，积极推广微课教学模式，让更多的师生了解并参与到微课教学中来，推动微课教学的普及与发展。

（4）建立微课教学的激励机制。高校可以通过设立微课教学奖项、提供微课教学资源支持等方式，激励教师积极投入微课教学的研究与实践。同时，鼓励学生参与微课学习，提高学生的自主学习能力和学习兴趣。

# 第三节　混合式教学模式的探索与实践

## 一、混合式教学模式的内涵

随着教育信息化的深入，混合式教学得到了普遍关注和快速发展，可以说混合式教学是现代教育改革的创新热词之一。在国外，美国学者迈克尔·霍恩（Michael B. Horn）认为混合式教学包括三个部分的内容：一是在线学习，即学生的学习过程中至少有一部分知识是通过在线学习获得的；二是在教师监督和指导下进行的学习，即学习过程中学生的一部分知识和技能在教师督导之下获得；三是一种综合性的学习体验，即前面两种学习路径模式是相互关联的，学生拥有线上线下学习的综合性体验。[①]在国内，何克抗教授认为混合式教学就是要把传统学习方式的优势和网络学习的优势结合起来。在这种教学模式中，不仅要发挥教师的启发、引导和监控的主导作用，还要体现学生的主动性、积极性和创造性。[②]这是在国内外得到广泛认同的两种观点。

混合式教学是一种将线上网络学习和线下传统课堂教学的各自优势相结合的教学模式。其理解需要注意以下几点：第一，混合式教学中的线上网络学习并非线下课堂教学的辅助，而是必备活动，线下课堂教学并非传统课堂教学活动的照搬，而是其深化与拓展[③]；第二，混合式教学中的"混合"是狭义的，特指"线上"与"线下"的混合，不谈及教学理论、方法及组织形式等其他多种要素的混合，因为教学本身就含有广义"混合"特征，因此从广义角度理解"混合"在本研究中意义不大；第三，混合式教学没有统一的模板但有统一的追求，即充分发挥线上网络学习和线下课堂教学的各自优势来提高学习效率与质量。混合式教学实施模式如图5-1所示：

---

① 霍恩，斯泰克.混合式学习：用颠覆式创新推动教育革命[M].聂风华，徐铁英，译.北京：机械工业出版社，2015：13.

② 何克抗.从Blending Learning看教育技术理论的新发展[J].国家教育行政学院学报，2005（9）：37-48+79.

③ 张兆玲.混合式教学在语文教学中的实践与反思[J].天津职业高校联合学报，2020，22（2）：53-56.

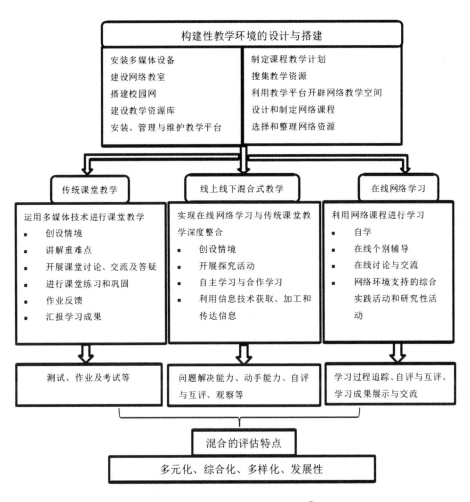

图5-1　混合式教学实施模式[①]

---

① 容敏华，柳亮.高校混合式教学模式实施现状及应用探讨[J].科教导刊，2020（19）：29-30，107.

## 二、混合式教学模式的基本特征

### （一）混合性

混合式教学不同于单一的传统课堂教学和在线网络教学，混合性是该模式最大的特征。混合式教学有机结合了传统课堂教学和在线网络学习两种独立教学模式，充分发挥二者优势，以实现教学质量的提高和教学效率的提升。首先，在线网络学习的优势也得以保留。在线网络教学突破时空的限制，学习时间和地点不再拘泥于课堂和教室，学习内容也不再局限于教材[①]。其次，传统课堂教学的优点也得以保留。在传统课堂中，教师可以系统地为学生讲授课程内容，面对面的教学互动也可以在一定程度上弥补学生因单一线上学习而出现的情感缺失问题，帮助学生健康全面、自由完善地发展。

### （二）整体性

混合式教学包含线上网络学习和线下课堂教学两部分，但混合式教学模式的有效开展需要摒弃碎片化思维，用综合化思维来处理，即根据具体的课程和学科特点择优选择要素组合以构建线上线下混合式教学高效课堂。在混合式教学中，线上网络学习和线下课堂教学两个环节都是必不可少的，因此两个环节是否能完美衔接过渡成为混合式教学开展成功与否的关键，特别是知识内容的衔接应做到由浅到深，层层递进。此外，教师在进行混合式教学实践时还需要结合教学规律、原则、任务、方法及条件等对教学过程做出科学合理地安排，以实现混合式教学过程的整体优化，从而使教学过程在规定时间内达到最佳的教学效果。

---

① 王钿.混合式"金课"的内涵、特征及建设要素[J].教师教育学报，2021，8（6）：70-76.

## （三）发展性

相对于传统课堂教学，混合式教学模式实现了学习时间、空间与内容的开放性与发展性，具体表现在三个方面：首先，时间上从课内向课外延伸；其次，空间从教室向网络空间拓展；最后，内容从教材向广泛资源扩充，丰富的网络资源开阔了学生的视野，为学生全面个性发展创造了现实的有利条件。可见，混合式教学模式具有前沿性、时代性和开放性。该模式的运用有利于培养学生的创造性和发散性思维，提升学生综合能力。

## （四）高效性

混合式教学模式坚持以学生为中心，鼓励学生在教师指导下主动建构知识。在混合式教学线上环节，学生可以根据自己的认知水平、个性发展需求及兴趣爱好等自主学习新知识。在混合式教学线下环节，学生在教师指导下对学习内容进行建构与加工，从而掌握知识、增强能力及提升思想境界。此外，在课后学生可以再次通过平台进行学习巩固，而老师和学生在这个过程中对学习情况也能进行了解和发现，从而实现学生精准学习、查漏补缺，老师精准辅导、因材施教。[①]可见，混合式教学模式有助于教学高效开展。

# 三、高校混合式教学管理的实施策略

混合式教学是一种融合线上线下、课内课外多样化教学方式与资源的复杂教学模式，旨在全面提升学生的学习体验与成效。基于混合式教学理念，混合式管理作为一种新兴的教学管理模式应运而生，为教学过程的优化与效率提升提供了有力支撑。

---

① 王钼.混合式"金课"的内涵、特征及建设要素[J].教师教育学报，2021，8（6）：70-76.

为确保混合式教学与管理的顺利实施及取得显著成效，需要学校管理者、教师及学生三方共同协作，形成合力。针对混合式教学与管理中可能出现的各种问题，应分别从这三个层面进行深入剖析，寻求解决方案，以确保教学质量的稳步提升与教育资源的优化配置。

## （一）学校管理者层面

### 1.完善混合式教学与管理体系和制度的建立

学校可以成立专门的混合式教学与管理建设小组，负责制定相关制度和规范，确保混合式教学与管理的顺利推进。在制度规范中，可以明确混合式教学的定义、目标、实施方式以及评价标准等，为师生提供清晰的指导。同时，学校还应建立健全混合式教学与管理的监督机制，定期对混合式教学与管理进行评估和反馈，确保各项制度和规范得到有效执行。

### 2.做好混合式教学与管理软硬件支撑和服务保障

高校应提供充足的网络存储空间，以容纳大量的线上教学资源。这些资源包括教学视频、课件、作业等，需要占据大量的存储空间。通过提供充足的网络存储空间，可以确保线上教学的顺利进行，提高教学效率和质量。

在开展混合式教学与管理过程中，教师和学生难免会遇到各种自己难以解决的软硬件方面技术问题。因此，学校应指定专业技术人员对混合式教学与管理软硬件平台提供维护和服务保障。这些技术人员应具备丰富的技术知识和实践经验，能够及时解决师生在使用过程中遇到的问题，确保混合式教学与管理的顺利进行。

## （二）教师层面

混合式教学结合了线上与线下教学的优势，旨在为学生提供更加灵活、个性化的学习体验。然而，要成功实施混合式教学，教师需精心策划和设计教学方案，确保教学过程的顺利进行。

首先，做好混合式教学的方案设计。在设计混合式教学方案时，教师应充分了解学生的年龄、专业背景及学习需求，针对不同年级和专业的特点进行个性化定制。同时，要明确线上、线下教学的学时分配，确保二者之间的平衡。此外，教师还应合理安排学生课前、课后的自主学习时间，避免混合式教学给教师和学生带来过重的负担。通过科学的方案设计，可以充分激发学生的学习兴趣和积极性，提高混合式教学的教学质量。

其次，建设优质线上学习资源。教师应充分利用现代技术手段，精心打造线上学习资源，包括PPT、语音、视频、动画等多种形式。这些资源应具有趣味性、直观性和互动性，能够吸引学生的注意力，激发他们的学习兴趣。同时，教师还应关注国家优质线上教学资源，结合教学实际，有选择地引入到课堂教学中，丰富学生的学习内容和途径。

最后，完善过程监督和考核评价体系。教师应建立科学的监督和考核评价体系，对学生学习过程进行全面、客观地监督和评价。在监督方面，教师可以利用线上学习平台，实时关注学生的学习进度和动态，及时发现问题并进行干预。在考核评价方面，教师应采用定性评价和定量评价相结合的方式，对学生的学习过程进行全面评估。同时，针对不同课程的特点和需求，教师应制定详细的评价标准和方案，确保评价结果的客观性和公正性。

## （三）学生层面

### 1.加快对混合式教学模式的认知转变

在当今这个信息化、网络化的时代，教学模式的变革已是大势所趋。混合式教学模式以其独特的优势，正在逐步取代传统的线下教学模式，成为教育领域的新宠。因此，学生应当紧跟这一时代潮流，主动调整自己的学习习惯和学习方式，以适应这一变革。

首先，学生应快速从传统的教师集中讲授、学生被动听课的方式转变到翻转式、分组讨论式的学习方式。在传统的教学模式中，教师往往是课堂的主导者，而学生则更多地扮演着被动接受的角色。然而，在混合式教学模式下，学生需要更加主动地参与到学习过程中，通过线上预习、线下讨论、实践探索等多种方式，深化对知识的理解和掌握。

其次，学生应从传统课堂学习向课前、课中和课后三段式学习方式转变。在混合式教学模式下，学习不再局限于课堂之上，而是贯穿于整个学习过程。课前，学生需要通过线上平台预习课程内容，了解重点和难点；课中，学生需要在教师的引导下，积极参与讨论和实践活动，加深对知识的理解和应用；课后，学生则需要通过完成作业、拓展阅读等方式，巩固所学知识，提升综合能力。

为了实现这一转变，学生需要积极了解混合式教学模式的相关知识和理念，明确其在提高学习效果和培养综合素质方面的重要作用。同时，学生还需要主动与教师和同学沟通交流，分享自己的学习经验和心得，共同探讨和解决学习中遇到的问题。

**2.提高混合式学习的主动性和参与性**

与传统教学相比，混合式教学更注重学生的自主学习能力和对学习活动的参与性。因此，学生需要更加主动地参与到混合式学习中来，充分发挥自己的主体作用。

首先，学生应该主动且保质保量完成课前线上学习任务。在混合式教学模式下，课前线上学习是不可或缺的一环。学生需要认真阅读教材、观看视频、完成习题等线上学习任务，为课堂上的学习作好充分的准备。

其次，学生应主动参与线下课堂的小组讨论和翻转式课堂汇报。在混合式教学的课堂中，小组讨论和翻转式课堂汇报是常见的活动形式。学生需要积极参与其中，与同学们分享自己的观点和见解，共同探讨问题的解决方案。这不仅有助于加深对知识的理解，还能提高学生的沟通协作能力。此外，学生在课中还应认真思考、主动提问。混合式教学的课堂往往更加开放和灵活，学生可以随时向教师或同学提问，表达自己的疑惑和想法。通过积极思考和提问，学生可以更好地掌握知识的重点和难点，提升学习效果。

最后，学生在课后应积极动手实践探索，通过完成拓展任务加强对课堂知识的理解和运用。混合式教学注重知识的实践应用，因此学生需要在课后积极动手实践，将所学知识运用到实际生活中去。通过完成拓展任务，学生可以加深对课堂知识的理解，同时提升自己的实践能力和综合素质。

# 第六章　教育数字化战略下高等教育管理人才的培养

　　近年来，各大高校纷纷加大对数字化管理人才培养的投入，不仅在课程设置上进行了全面升级，还加强了实践教学环节，以提升学生的实际操作能力。本章就具体分析教育数字化战略下高等教育管理人才的培养。

# 第一节　数字化人才的需求分析

## 一、我国劳动力市场人才供需矛盾非常突出

近年来，我国人口出生率的下降趋势已经成了一个不可忽视的社会现象。根据国家统计局公布的数据，2021年末，我国全年出生人口仅为1062万人，出生率更是降至7.52‰，自然增长率也首次跌破了1‰的关口。这一趋势的出现，不仅反映了我国人口结构的变化，也预示着未来劳动力市场的挑战与机遇。

在劳动力人口大幅度减少的背景下，我国依然面临着劳动力就业困难和企业难以招到高素质人才的困境。这一矛盾的出现，既与人口结构的变化有关，也与经济结构的调整密不可分。随着产业结构的转型升级和技术进步的不断推进，对劳动者的技能素质要求也越来越高。然而，目前的人才培养培训体系还难以完全适应市场的需求，导致了人才培养与市场需求的错位现象。

另外，高校毕业生规模的持续增长也进一步加剧了劳动力市场的竞争。根据数据可知，2022年我国高校毕业生人数已经突破了1076万大关，这一数字不仅创下了历史新高，也预示着未来就业市场的竞争将更加激烈。同时，叠加新冠疫情对经济的冲击以及经济增长放缓的大背景，劳动力就业市场的矛盾更加突出。

我国人口出生率的下降趋势对劳动力市场产生了深远的影响。面对这一挑战，高校需要加强人才培养培训，提高劳动者的技能素质。同时，也需要加快产业结构调整和技术创新步伐，以适应市场变化的需求。只有这样，高

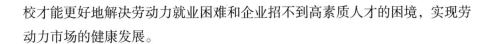

校才能更好地解决劳动力就业困难和企业招不到高素质人才的困境，实现劳动力市场的健康发展。

# 二、数字化人才需求缺口呈现不断扩大趋势

数字化管理人才、数字化应用人才和数字化技术人才等行业急需的紧缺人才供不应求。这些人才不仅需要具备扎实的专业知识，还需要掌握数字化技能，能够灵活应对数字化转型带来的挑战。此外，随着数字经济的蓬勃发展，数据安全、数字化解决方案设计、数据库运行管理等新兴职业也应运而生，对劳动者的知识结构和技术技能提出了更高要求。

深入分析数字化人才短缺的原因，高校可以从供需两端进行解读。在需求方面，随着大数据、人工智能、云计算、5G、区块链、物联网等新技术领域的蓬勃发展，数字化人才的需求呈现出爆发式增长态势。

数字化人才的培养还面临着一些挑战。一方面，部分企业和机构对数字化人才的培养重视不够，缺乏系统性和前瞻性的培养规划；另一方面，数字化人才的培养需要跨学科、跨领域的合作与交流，但目前相关机制和平台还不够完善。

总之，数字化人才短缺已成为制约我国数字化产业发展的重要瓶颈。高校需要从供需两端入手，加强数字化人才的培养和供给，推动数字化转型的深入发展，为经济社会的持续发展提供有力的人才支撑。

# 第二节　数字化人才培养的途径与方法

## 一、加强高校关键办学能力，提高数字化人才培养能力

### （一）提升学校数字化整体水平，打造数字化的教学场景

在当今数字化浪潮席卷全球的背景下，提升学校数字化教学总体水平、提高学校数字化治理能力，已经成为学校教育改革的重要方向。高校作为人才培养的摇篮，必须紧跟时代步伐，将数字化技术融入教学与管理，推动学校教育的现代化发展。

实现高校管理的智能化治理，是提升高校数字化治理能力的关键。传统经验式管理往往依赖于人工操作和主观判断，效率低下且容易出错。而智能化治理则可以通过运用大数据、人工智能等先进技术，对高校各项数据进行实时收集、分析和处理，为管理者提供科学、精准的决策支持。同时，智能化治理还可以实现对高校资源的优化配置和高效利用，提高高校办学效益。

在数字化人才培养与管理方面，高校需要加强对数字化人才的需求分析和培养方案的制定。通过深入了解行业发展趋势和市场需求，高校可以明确数字化人才的培养目标，制定有针对性的教学计划和实践环节。同时，高校还应建立完善的数字化人才评价体系，对学生的学习成果进行客观、全面地评估，为他们的未来发展提供有力支持。

此外，提高高校数字化教学基础条件建设也是必不可少的。高校需要投入更多的资金和资源，建设高质量的数字化教学环境，包括配备先进的硬件设备和软件资源，打造学习平台等。这些数字化教学环境的建设，不仅可以提高学生的学习效率和兴趣，还可以为教师提供更加便捷、高效的教学工具和方法，促进教学质量的提升。

在构建虚实结合的情景化教学场景方面，高校可以充分利用虚拟现实、

增强现实等先进技术，为学生创造更加真实、生动的学习环境。通过模拟实际场景和情境，学生可以更加深入地理解和掌握所学知识，提高实践能力和创新精神。同时，这种教学方式还可以激发学生的学习兴趣和积极性，培养他们的自主学习和终身学习能力。

## （二）加强教师数字化素养，提高教师数字化教学能力

在数字化时代，高校和教师正面临着前所未有的挑战与机遇。其中，提升教师的专业技能和数字化素养，成了高校发展的核心任务之一。这一变革不仅涉及教师个人能力的提升，更关乎整个教育体系的重构与发展。

高校和教师首先需要保持开放的心态，积极应对未来教育教学体系的重构。这一重构不仅是教育体系的一次全新嬗变，更是对高校和教师的一次深刻考验。因此，高校应积极探索形成一种基于技术的文化，为教师提供不同教学环节和场景下的典型技术应用方法。可以利用虚拟现实、人工智能等先进技术，为教师创造更加生动、直观的教学环境，提升教学效果。同时，高校还应激励教师使用数据和技术解决问题。在数字化时代，数据和技术已经成为教育教学的重要工具。教师可以通过数据分析，更准确地了解学生的学习情况，制订更具针对性的教学计划。此外，教师还可以利用技术手段，创新教学方式方法，提升学生的学习兴趣和积极性。

数字化素养可理解为一种解析和组织复杂数据、解释和总结信息、进行预测或者理解算法含义的能力。对于高校教师而言，数字化素养应该贯穿其育人的全过程，其不仅包括在教学环节中运用数字化工具和技术，还包括在课程设计、教材编写、学生评价等方面融入数字化思维和方法。

为了实现这一目标，高校需要对行业企业进行深入调研，了解行业企业的人才需求数量与质量、知识、能力与素养等方面的要求。在此基础上，高校可以系统地设置课程结构，开发与建设高质量的课程与课程体系。同时，教师也应积极参与到课程开发与建设中来，结合自己的实践经验和专业知识，为课程注入更多的行业特色和实用性。

此外，教师还需要学会使用数据和技术来提升教学效率和效果。利用在线教育平台、智能教学软件等工具，实现线上线下的混合式教学；利用大数

据分析技术，对学生的学习情况进行实时监测和评估；利用人工智能技术，为学生提供个性化的学习建议和辅导。

### （三）加强教材建设和教学方法改革，培养全面发展的数字化人才

教材作为立德树人的基石，承载着培育新时代数字化人才的重要使命。在当前的信息化社会，教材开发与建设不仅是一项严谨的工作内容，更是一项意识形态性极强的任务。因此，高校必须从多个维度进行深入剖析与探讨，以构建更加系统、完善的数字化人才培养体系。

首先，高校要牢牢把握教材和教学内容的思政作用。数字化人才作为新时代的建设者和接班人，其职业观、价值观的培养至关重要。教材作为知识传播的载体，必须从根本上塑造数字化人才的思想观念，使他们能够为国所用、为民所用。在教材内容的选择上，高校要注重弘扬社会主义核心价值观，引导学生树立正确的世界观、人生观和价值观。同时，高校还要关注数字化产业的发展趋势，将行业企业的新方法、新技术、新工艺、新标准融入教材中，使教材内容与数字化改革和发展紧密结合，形成系统化、系列化的数字化人才培养内容矩阵。

其次，高校还要建设适合高职人才培养规律和适应职业教育改革创新的教材形式。案例导向教材、工作手册式教材、X证书考试教材等各具特色，应各有侧重。这些教材形式能够帮助学生更好地理解和掌握数字化技术在实际工作中的应用，提高他们的实践能力和职业素养。

## 二、打造产教融合共同体，提高数字化人才培养适应性

在国家层面推进产教融合的过程中，需关注政策层面的支持和引导。国家可以出台相关政策，鼓励企业与高校、科研机构的紧密合作，共同打造数

字化人才培养基地。同时，加大对数字化人才培养的投入，设立专项资金，支持高校、科研机构和企业开展数字化人才培养和科技创新活动。

在行业企业层面，学校和龙头企业、科研院所组成产教融合共同体，共同打造技术技能创新服务平台。这一平台能够整合行业、企业和学校的研发力量，加强产学研用合作，推动科技成果的转化和应用。此外，行业企业需深入学校，将行业企业人才需求端的标准和要求通过多种形式传导到学校教学和人才培养之中。例如，通过产业学院、学徒班、专家讲座等方式，让学生更直观地了解行业企业的实际需求和未来发展趋势，提高学校人才培养的针对性和适应性。

随着工业数字化进程的加快，建立数字化人才标准和培养方法已成为一个亟待解决的问题。在这一方面，国家、行业、学校等各方需共同努力，制定和完善数字化人才标准和培养体系。同时，加强数字化人才培养的国际化合作与交流，引进国际先进的数字化教育资源和教学理念，提高我国数字化人才培养的质量和水平。

在学校层面，深化产教融合、校企合作是推动校企协同育人的重要途径。学校应加强实践教学环节，提高学生的实践能力和职业素养，为培养高素质数字化人才提供有力保障。

# 三、构建科学育人评价体系，巩固数字化人才培养成果

## （一）根据立德树人的根本要求，确立思想道德和业务能力的双重维度评价标准

立德树人是教育的根本任务，是教育领域普遍认同的理念。在数字化快速发展的今天，培养具备高素质的数字化人才显得尤为重要。这样的人才不仅需要掌握先进的技术知识，更需要具备良好的思想道德品质。

首先，良好的思想道德品质是高素质数字化人才不可或缺的素质。这些

人才应坚决拥护中国共产党的领导，热爱伟大的社会主义祖国，积极践行社会主义核心价值观。他们应将个人理想融入国家和民族的事业中，为社会主义事业贡献自己的全部力量。同时，他们还应具备高尚的道德情操和强烈的社会责任感，能够在工作中自觉遵守职业道德规范，维护社会公共利益。

其次，高素质数字化人才应具备较强的业务能力。在技术融入、产业升级的过程中，他们能够迅速适应新的技术和环境，不断提升自己的技能水平。他们应具备扎实的专业知识，能够熟练掌握数字化技术，并能够在实践中灵活运用。此外，他们还应具备创新意识和创新能力，能够在工作中不断提出新的思路和方法，推动技术创新和产业升级。

为了实现这一目标，高校需要在教育领域进行一系列的改革和创新。一方面，高校需要加强思想道德教育，引导学生树立正确的价值观和道德观。另一方面，高校需要加强数字化技术的教育和培训，提高学生的技能水平和创新能力。同时，高校还应注重实践环节，让学生在实际操作中锻炼和提升自己的能力。

在数字化时代，培养具备高素质的数字化人才是高校面临的重要任务。只有具备良好的思想道德品质和较强的业务能力的人才，才能在数字化领域中脱颖而出，成为推动社会进步的重要力量。因此，高校需要不断加强教育领域的改革和创新，为培养更多高素质数字化人才提供有力的保障。

此外，高校还应关注数字化人才的全面发展。除了专业技能的提升，他们还应具备良好的沟通能力和团队协作精神。在数字化时代，许多项目需要跨领域、跨部门的合作，因此，数字化人才应能够与不同领域的人进行有效沟通，并在团队中发挥积极作用。同时，高校还要关注数字化人才的心理健康和职业规划。面对快速变化的数字化环境，他们可能会面临较大的压力和挑战，因此高校需要为他们提供必要的心理辅导和职业发展规划，帮助他们更好地应对挑战，实现个人价值。

## （二）强化职业导向，确立四类主体评价机制

在数字化时代的浪潮下，人才评价体系的构建与完善显得尤为重要。特别是在数字化人才评价方面，应更加注重职业导向，以培养出符合社会需

求、具备实际操作能力的优秀人才。因此，在人才培养过程和成效的评价中，应突出教师、学生、行业导师、服务对象四类评价主体的作用，搭建起"校政行企"多元评价与改进平台，通过信息技术赋能育人评价全过程，形成科学的人才评价机制，从而保障评价的全面性和客观性。

首先，教师在数字化人才评价中发挥着举足轻重的作用。作为知识的传授者和引导者，教师应根据学生的实际情况和行业需求，制订科学的教学计划和评价标准。同时，教师还应积极参与评价过程，对学生的表现进行客观、全面的评价，为学生提供有针对性的指导和建议。此外，教师还应不断提升自身的专业素养和教学能力，以适应数字化时代的教育需求。

其次，学生在数字化人才评价中同样具有重要作用。作为评价的对象，学生应积极参与评价过程，主动反馈自己的学习情况和需求。同时，学生还应根据自身兴趣和职业规划，选择适合自己的学习内容和方向，努力提升自己的数字化素养和实践能力。此外，学生还应树立正确的评价观念，客观看待自己的优点和不足，以便更好地改进和成长。

行业导师作为数字化领域的专业人士，他们在人才评价中扮演着重要的角色。他们具有丰富的行业经验和深厚的专业知识，能够为学生提供针对性的指导和建议。在评价过程中，行业导师应根据行业标准和实际需求，对学生的专业能力、实践技能等方面进行评价，帮助学生更好地适应行业发展和市场需求。

服务对象作为数字化人才评价的重要参与者，他们的需求和反馈对于人才培养具有重要意义。在评价过程中，应充分关注服务对象的意见和建议，根据他们的实际需求调整培养方案和评价标准。同时，服务对象还可以为学生提供实践机会和实习岗位，帮助他们积累实际工作经验，提升职业素养。

为了充分发挥这四类评价主体的作用，应搭建起"校政行企"多元评价与改进平台。这一平台可以整合各类资源，实现信息共享和协同评价。同时，该平台还可以运用信息技术手段，如大数据分析、人工智能等，对评价数据进行深入挖掘和处理，为人才培养提供有力支持。

在评价方法方面，应根据数字化人才培养的实施场景和四类主体的特点，赋予不同的权重和适配不同的评价方法。对于教师的评价，可以采用课堂观察、教学反思等方式；对于学生的评价，可以采用自我评价、同学互评、项目实践等方式；对于行业导师的评价，可以采用行业认证、技能考核等方式；对于服务对象的评价，可以采用满意度调查、反馈意见收集等方式。

### （三）通过大数据技术，科学评价人才培养全过程

在信息化时代的浪潮中，教育信息化正逐渐改变着传统教与学的样态。教育信息化通过运用人工智能、大数据等先进技术，为教育领域带来了前所未有的变革。它不仅能够优化教学资源配置，提高教学效率，还能够深入分析教学中教师的教和学生的学习全过程，为开展精准教学和诊断改进提供了技术路径和可能的解决方案。

教育信息化推动了全周期、跨场景、多维度综合评价体系的构建。通过运用大数据分析技术，教师可以对学生的学习情况进行全面、深入的剖析，发现学生在学习过程中存在的问题和不足，从而制订针对性的教学策略和改进措施。同时，这种评价体系还能够跨越不同的学习场景和时间段，对学生的学习成果进行全方位的评价和反馈，帮助学生更好地认识自己的学习情况，明确自身的学习目标和方向。

# 第三节　数字化人才培养的成效和挑战

## 一、数字化管理人才培养的成效

随着信息技术的迅猛发展，高等教育数字化管理人才的培养已成为教育领域的重要议题。近年来，各大高校纷纷加大对数字化管理人才培养的投入，不仅在课程设置上进行了全面升级，还加强了实践教学环节，以提升

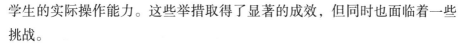

学生的实际操作能力。这些举措取得了显著的成效，但同时也面临着一些挑战。

在成效方面，首先，高等教育数字化管理人才的培养为社会输送了大量具备专业技能和创新能力的人才。这些人才在各行各业中发挥着重要作用，推动了数字化管理领域的快速发展。其次，高校通过与企业合作，共同开展实践教学项目，使学生能够在实践中学习和掌握数字化管理的知识和技能，从而提高学生的综合素质和就业竞争力。此外，高校还积极引进国外先进的数字化管理教育理念和方法，不断提升其教育质量和水平。

然而，高等教育数字化管理人才培养也面临着一些挑战。首先，随着技术的不断更新换代，数字化管理领域的知识体系也在不断变化。高校需要不断更新课程内容，以适应行业发展的需求。其次，数字化管理人才的培养需要跨学科的知识背景和综合素质。因此，高校需要加强与其他学科的交叉融合，培养学生的跨学科思维和实践能力。此外，高校还需要加强与企业、行业的合作，共同构建数字化管理人才培养的生态系统，为学生提供更多的实践机会和就业渠道。

## 二、数字化管理人才培养的挑战

数字化无疑是推动企业变革的强大动力。在互联网技术的蓬勃发展下，数字经济逐渐崛起成为推动全球经济增长的重要引擎。这种以互联网为依托、以数字资源为核心要素、以信息技术为内生动力、以融合创新为表现特征的数字经济发展形态，正深刻改变着高校的教学与管理方式。

在数字经济的大潮中，数字能力显得尤为重要。这种能力并非一蹴而就，而是由具有良好数字素养的众多个体及其构成的组织共同呈现出来的一种综合能力。它涵盖了数据分析、信息挖掘、技术应用等多个方面，是企业在数字化转型过程中不可或缺的核心竞争力。

数字化转型是一个持续赋能的创新过程，它涉及企业的各个方面，包括战略制定、组织变革、流程优化等。在这个过程中，人才生态的构建显得尤为重要。数字化领导人才需要具备前瞻性的战略眼光和卓越的领导力，能够引领企业走向数字化发展的正确方向；数字化专业人才需要具备扎实的技术功底和创新能力，能够为企业提供强有力的技术支持；而数字化应用人才则需要具备丰富的实践经验和敏锐的市场洞察力，能够将数字技术应用于实际业务中，推动企业的创新发展。

在社会数字化转型的背景下，每一个人都必须做好变革的准备。高校要敢于面对改变，敢于放下过去的"成功"，敢于探索未知，敢于升级自己的操作系统。这意味着高校需要不断地学习新知识、掌握新技能，全面提升自己的数字思维能力和数字化专业技能。

要成功推动数字化转型，高校必须做好数字化创新型管理人才的培养工作。这需要高校注重人才的选拔、培养和使用，建立起科学的数字化管理人才梯队。同时，高校还需要注重改变环境、改变组织和改变流程，为数字化转型提供有力的支撑和保障。

在推进数字化转型的过程中，企业还需要注重构建一个更加开放、更加包容的"生态系统"。这个生态系统可以是一个由多个企业、机构和个人组成的网络，它们通过共享资源、协同创新和相互支持，共同推动数字经济的发展。在这个生态系统中，每一名参与者都可以发挥自己的优势，提供自己的价值贡献，最终形成共赢的局面。

为了构建这样的生态系统，高校需要建立网状化、平台化的数字化组织。这种组织形式具有自驱、赋能、共生、协同的特点，能够激发出人的能动性和创造力，推动变革的发生。同时，高校还需要注重培养数字化人才，让他们具备适应数字化时代的能力和素质。这需要高校强化机遇意识、攻坚意识，积极探索数字化创新型管理人才培养的新路径和新方法。

# 第七章　教育数字化战略下高等教育资源的整合

　　高校数字化教育资源的整合是一项复杂且富有挑战性的任务，它涉及信息技术、教育资源管理、教学设计与实施等多个方面。这一过程的动态性要求高校在后期的运营中持续进行维护和更新，以确保资源的时效性和有效性。在当前高校数字化教育资源整合的进程中，高校应遵循专业性、标准性、整体性的原则，以实现资源整合的高效性和系统性。

# 第一节　数字化教育资源整合的意义

随着信息技术的飞速发展，数字化教育资源逐渐成为教育领域的重要支撑。通过对各类教育资源进行数字化处理，我们可以实现资源的集中存储、共享和高效利用，为广大师生提供更加便捷、丰富的学习途径。

## 一、实现优质教育资源的均衡分布

在传统教育模式下，优质教育资源往往集中在少数名校或发达地区，而广大农村地区和欠发达地区则难以享受到这些资源。然而，通过数字化手段，我们可以将优质教育资源进行数字化处理并上传到网络平台，使这些资源得以在全国范围内共享。这样即使身处偏远地区的学生也能够接触到先进的教育理念和教学方法，从而提高他们的学习水平和综合素质。

## 二、促进教学模式的创新和改革

在传统的教学模式下，教师往往依赖教材和课堂讲授来传授知识。然而，在数字化教育资源的支持下，教师可以利用多媒体、在线课程等现代化教学手段，将抽象的知识具象化、生动化，激发学生的学习兴趣和积极性。同时，数字化教育资源还可以为学生提供更多的自主学习和探究学习的机会，培养他们的创新能力和实践能力。

## 三、推动教育行业的可持续发展

随着教育信息化的深入推进，数字化教育资源将成为未来教育行业的重要发展方向。通过对教育资源进行数字化整合和共享，高校可以减少纸质资源的浪费和污染，降低教育成本，提高教育效率。同时，数字化教育资源还可以为教育行业提供更多的商业机会和发展空间，推动整个行业的繁荣和发展。

# 第二节　数字化教育资源共享机制的构建

## 一、数字化教育资源共享机制的内容

在数字化教育资源共享的语境下，引入"机制"这一概念，有助于高校更深入地理解共享过程的运作方式和内在规律。数字化教育资源共享机制包括技术基础、共享方式、组织结构、法律保障、激励政策等多个方面。这些要素相互关联、相互作用，共同构成了一个完整的运作体系。

（1）技术基础。随着信息技术的飞速发展，云计算、大数据、人工智能等先进技术为数字化教育资源的共享提供了有力支持。通过搭建共享平台、制定统一的数据标准和接口规范，可以实现教育资源的高效共享和便捷访问。

（2）共享方式。根据教育资源的特点和使用需求，可以采用不同的共享方式，如在线开放课程、远程教学、协作学习等。这些方式不仅可以满足学生的个性化学习需求，还可以促进教师之间的交流与合作，推动教育教学的创新与发展。

（3）组织结构。在共享过程中，需要建立相应的组织机构和管理制度，以确保资源的有效利用和共享过程的顺利进行。例如，可以成立专门的共享中心或部门，负责资源的整合、发布和维护。同时，还可以制定相关的管理规定和操作流程，以规范共享行为和提高共享效率。

（4）法律保障和激励政策。在法律保障方面，需要制定相关法律法规和政策文件，明确各方在共享过程中的权利和义务，保护知识产权和隐私安全；在激励政策方面，可以通过设立奖励机制、提供资金支持等方式，鼓励更多的学校和教师参与到数字化教育资源共享中来。

## 二、高校数字化教育资源共享的基本模型

在数字化时代，网络环境为高校的教育资源共享带来了无限的可能。其中，高校的数字化教育资源共享主要分为三大板块：基于校园网的数字化教育资源共享、基于因特网的数字化教育资源共享以及校际间基于网络的数字化教育资源共享。这些共享模式不仅丰富了教育资源，还提高了教学效益，进一步推动了高校教育的现代化进程。

基于校园网的数字化教育资源共享主要服务于校内各部门和用户（图7-1）。学校通过构建一套完善的资源共享系统，将全校的数字化教育资源进行整合，形成一个庞大的资源库。这个资源库涵盖了各种学科领域的课程资料、教学视频、学术论文等，为师生提供了丰富的学习资源。同时，学校还会根据各类用户的需求，设定不同的权限，确保资源的安全性和有效性。通过这种方式，校内各部门和用户能够更加便捷地获取所需资源，从而提高工作效率和教学效益。

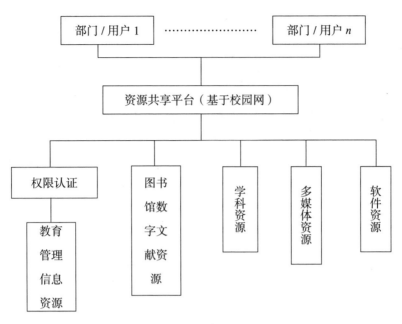

图7-1　基于校园网的数字化教育资源共享模型

基于因特网的数字化教育资源共享模型是一种面向全球用户的开放、共享的教育资源平台（图7-2）。这一模型的出现极大地推动了教育资源的共享与利用，使更多的人能够接触到丰富多样的教育资源，从而促进了教育的公平与普及。

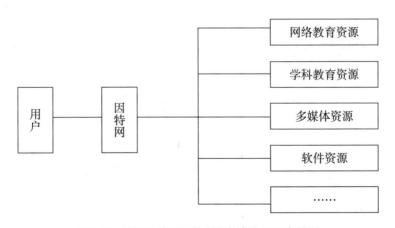

图7-2　基于因特网的数字化教育资源共享模型

校际间基于网络的数字化教育资源共享模型是一项旨在促进高校间资源共享、提高教育资源利用率的创新举措。这种共享模型不仅能为每所参与共享的高校用户带来丰富的资源，而且能在很大程度上减少重复资源建设，从而提高用户的效率和安全性。然而，尽管其优势显著，目前这种共享方式在高校中并未取得实质性的进展，其中一个主要原因是缺乏可行的共享模式规划、强烈的合作动机以及有效的共享机制。

为了克服这些挑战，笔者经过深入研究和分析，提出了一种校际间基于网络的数字化教育资源共享模型（图7-3）。该模型的核心在于构建一个公共的数字化教育资源共享平台。作为高校间资源交流与合作的桥梁，这个平台不仅用于发布各类高校的资源信息，还能实现资源的分类管理、快速检索和获取。通过这种方式，用户可以更加便捷地获取各大高校的优质教育资源，从而提高资源共享的效率。

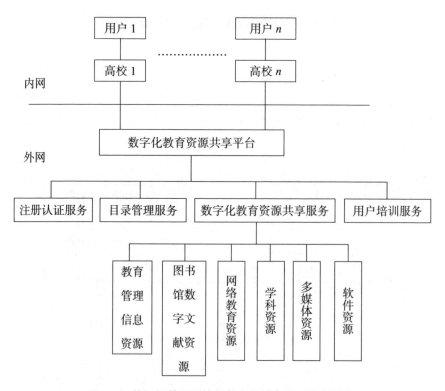

图7-3 校际间基于网络的数字化教育资源共享模型

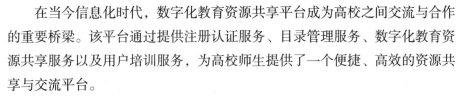

在当今信息化时代，数字化教育资源共享平台成为高校之间交流与合作的重要桥梁。该平台通过提供注册认证服务、目录管理服务、数字化教育资源共享服务以及用户培训服务，为高校师生提供了一个便捷、高效的资源共享与交流平台。

（1）注册认证服务。各个高校需要通过平台的注册流程后，方可加入这一资源共享的大家庭。在注册过程中，平台会对高校的身份信息进行严格核实，确保只有符合条件的机构才能加入。而对于用户而言，在登录平台时，也需要通过平台的身份认证才能使用各项功能。这种认证方式既保证了平台的安全性，又提高了用户使用的便捷性。

（2）目录管理服务。各个高校将本校允许对外开放的资源目录提交平台，由平台统一管理，为用户提供资源的检索、定位服务。用户可以通过平台的目录检索功能，快速找到所需的资源，并定位到具体的获取途径。这种服务方式大大提高了用户获取资源的效率，减少了在海量资源中盲目搜索的困扰。

（3）数字化教育资源共享服务。它涵盖了图书馆数字文献资源、网络教育资源、学科资源（如教学课件、参考资料、试题库等）、多媒体资源、软件资源以及教学管理信息资源等多个方面。用户通过平台的身份认证后，能方便检索并获取到所需的资源。同时，具备一定权限的用户还可以将自己所拥有的优秀数字化教育资源上传至平台，与其他用户共享。这种资源共享的方式不仅促进了高校之间的交流与合作，还提高了资源的利用效率。

（4）用户培训服务。平台会定期为用户提供培训服务，帮助用户快速学会使用平台的各项功能。通过培训，用户可以更加熟练地掌握平台的使用技巧，减少在使用过程中遇到的障碍。这有助于提高用户获取资源的效率，提升用户体验。

在共享模型方面，该平台以各个高校的校园网为接口接入数字化教育资源共享平台，使校内用户可以更方便地访问到其他院校的相关资源。对于校外用户，也可以通过账户注册的方式取得平台的访问权限。为了控制用户规模并保证平台的有效运转，平台采取了有偿共享的方式对校外用户进行限制。同时，对于共享规模较小的系统，平台可以为高校师生分配固定的账号，方便他们在校外时也能随时获取资源。

# 三、高校数字化教育资源共享机制的构建

在当今信息化时代，数字化教育资源的共享已经成为教育领域的一大趋势。通过支付一定费用的方式实现有偿共享资源，不仅可以促进资源的有效利用，还能激发资源建设者的积极性。

## （一）建立共享平台和市场机制

建立共享平台和市场机制，可以进一步推动数字化教育资源的产业化发展，还能促进教育资源的优化配置。在建立共享平台的过程中，需要注重平台的易用性、稳定性和安全性，以便广大教师能够方便快捷地获取所需资源。同时，还需要制定明确的市场规则和交易机制，确保资源交易的公平、公正和透明。

## （二）建立统一的管理和交易平台

目前，由于缺乏统一的管理和交易平台，数字化教育资源共享往往难以实现有序、全面的共享。因此，需要建立一个统一的管理机构，负责数字化教育资源的整体规划、管理、协调和监控。同时，还需要构建一个功能强大的交易平台，为资源提供者和需求者提供便捷的交易服务。

## （三）建立行政部门干预机制

教育部应联合省市级教育部门制定一套用于规划、管理、监控与协调高校数字化教育资源共享的行政干预机制。这不仅可以为数字化教育资源的建设经费使用状况提供监控和保障，还能规范高校数字化教育资源共享后的服务行为，确保资源共享活动的有序进行。同时，行政部门还需要关注资源共享后的知识产权和利益分配问题，确保各方利益得到合理保障。

## （四）建立完善的保障机制

当前，网络知识产权保障机制不健全是阻碍数字化教育资源共享的关键因素之一。因此，需要构建一个完善的网络知识产权保护体系，包括加强法律法规建设、提高执法力度、加强宣传教育等方面。同时，还需要发挥技术手段的保障作用，如采用数字水印、加密技术等手段保护数字化教育资源的知识产权。此外，还需要加强道德手段的预防和自律作用，增强广大教师的知识产权意识和道德素质。

## （五）建立共享激励机制

通过制定合理的收益分配方案和激励政策，激发资源建设者和共享者的积极性，推动数字化教育资源共享的深入发展。同时，还需要建立公平合理的利益分配机制，确保各方利益得到合理保障。

# 第三节　数字化教育资源的优化配置策略

## 一、数字化教学资源的利用

数字化教学资源的利用在当今的教育领域已经变得非常普遍，它为教师提供了丰富的教学手段和资源，同时也为学生提供了更高效、更灵活的学习方式。数字化教学资源的利用包括以下几个方面。

## （一）数字化教材和课程资源

数字化教材和课程资源通常包括电子教材、多媒体课件、在线课程、网络课程等。这些资源可以通过互联网或移动设备进行访问，方便学生在任何时间、任何地点进行学习。同时，数字化教材和课程资源还可以实现个性化学习，根据学生的学习进度和兴趣进行定制。

## （二）数字化模拟实验和互动教学

数字化模拟实验和互动教学可以让学生在虚拟环境中进行实验和操作，如在计算机上模拟化学反应、物理实验等。这些数字化实验工具可以帮助学生更好地理解科学原理和实验方法，同时也可以提高学生的学习兴趣和积极性。

# 二、数字化教学资源的获取与编辑

## （一）数字图像资源的获取与编辑

### 1.数字图像的获取

（1）网上下载

可以从网上下载数字图像。数字图像通常以电子文件的形式存储和传输，因此可以从网上下载到本地计算机或移动设备中。

在下载数字图像时，需要注意版权和使用限制。一些数字图像可能受到版权保护，需要遵守相应的版权法规。此外，一些网站可能需要付费才能下载数字图像。

为了合法地下载和使用数字图像，建议遵守以下原则。

第一，了解图像的版权信息和使用限制。在使用图像之前，先查看图像的版权声明或使用条款，以确保自己有合法的使用权限。

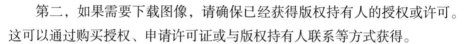

第二，如果需要下载图像，请确保已经获得版权持有人的授权或许可。这可以通过购买授权、申请许可证或与版权持有人联系等方式获得。

第三，不要使用受版权保护的图像进行非法或侵权的活动。例如，不要将他人的作品作为自己的原创作品使用或传播。

第四，如果要使用下载的数字图像，请确保遵守相关的使用条款和版权法规，包括署名、禁止商业用途、不得进行修改或分发等要求。

（2）截取屏幕图像

截取屏幕图像保存为数字图像的方法有多种，以下是其中几种常见的方法。

方法一：使用键盘上的"Print Screen"键。

按下"Print Screen"键，此时整个屏幕的图像将被复制到剪贴板中。

打开一个图像编辑工具，如Microsoft Paint。

在图像编辑工具中，按下"Ctrl + V"，或者在菜单中选择"编辑"→"粘贴"，以将截图从剪贴板粘贴到画布上。

在图像编辑工具中，可以进行必要的编辑，然后选择"文件"→"另存为"来保存截图。在保存对话框中，选择桌面作为保存位置，输入文件名，然后选择保存。

方法二：使用Windows 10中的"截图"工具。

按下"Windows"键 +"Shift"+"S"组合键，此时会出现一个截图工具面板。

在截图工具面板中，可以选择要截取的区域（全屏、窗口、自定义区域等）。

选择完成后，点击"保存"按钮，将截图保存到剪贴板或文件中。

在保存对话框中，选择桌面作为保存位置，输入文件名，然后选择保存。

方法三：使用第三方截图工具。

除了上述两种方法外，还可以使用第三方截图工具来截取屏幕图像。例如Snagit、ShareX等工具都可以实现截图功能，并支持将截图保存为数字图像。具体使用方法可以参考相关软件的使用手册或帮助文档。

需要注意的是，不同的操作系统和软件版本可能会有一些差异，具体操作可以参考相关系统的帮助文档或软件的使用手册。

（3）用数码相机拍摄

数码相机的工作原理是通过镜头收集光线，将其聚焦在感光元件上，感光元件根据光线的强弱转换成相应的电信号。这些电信号再被转换成数字信号，并存储在数码相机的存储器中。

数码相机具有数字化存储模式，可以将看到的景物、现象转化为数字信号，直接输入计算机中。这些数字信号可以通过计算机进行处理、编辑和分享。与传统的胶片相机相比，数码相机具有更高的图像质量、更方便的存储和传输方式以及更易于编辑和处理的特点。

2.数字图像的编辑处理

具体来说，数字图像的编辑处理包括以下几个方面。

（1）图像调整

图像调整主要是对图像的色彩、亮度、对比度等属性进行修改，以提高图像的质量和清晰度。例如，通过调整色彩平衡、对比度、亮度等参数，可以使图像更加生动、鲜明。

（2）图像裁剪

图像裁剪是从原始图像中剪切出感兴趣的区域，以便进行进一步的处理。这种技术常用于去除图像中的冗余部分，或将图像的重要部分凸显出来。

（3）图像修描

图像修描是对图像进行细化或美化的处理。例如，可以使用修描技术对图像进行平滑处理，去除噪声和细节，或者增强图像的边缘和轮廓。

（4）图像合成

图像合成是将多个图像拼接在一起，生成一个新的图像。这种技术常用于制作全景照片、拼图等。在合成过程中，需要注意图像的匹配和融合，以避免出现明显的接缝和失真。

（5）艺术处理

艺术处理是对数字图像进行创意性的处理，以产生独特的效果和风格。例如，可以使用艺术处理技术对图像进行模糊、锐化、滤镜等处理，或者将

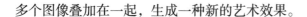

多个图像叠加在一起，生成一种新的艺术效果。

## （二）数字视频资源的获取与编辑

### 1.数字视频资源的获取

（1）网上获取

目前网络上有很多视频资源，可以通过各种下载软件来下载。迅雷、BT、eMule、快播等下载软件都是比较常用的，它们可以下载各种格式的视频文件。此外，还可以使用FLV视频下载软件从在线视频网站（如土豆、优酷、爱奇艺、腾讯等）上下载FLV格式的视频。

使用FLV视频下载软件可以很方便地下载FLV格式的视频，这些软件通常会提供一些实用的功能，如自动抓取视频链接、批量下载、合并下载文件等。同时，这些软件也通常会支持多种浏览器和网站，包括国内的一些主流浏览器和视频网站。

不过需要注意的是，下载和使用视频资源应遵循相关法律法规和知识产权法规，确保合法合规。

（2）自己录制

自己录制可以获得真实、生动、个性化的视频素材，并且可以根据自己的需求和目的进行录制。

自己录制视频素材有很多优点。

首先，可以获得真实、生动的视频素材，这些素材可以来自自己的身边、工作场所、生活场景等，非常具有实用性和针对性。

其次，可以根据自己的需求和目的进行录制，如录制自己的演讲、教学视频、操作演示等，非常方便和灵活。

最后，还可以通过后期制作和编辑，提高视频的质量和效果，使其更加符合自己的需求和目的。

当然，自己录制视频素材也需要一些技巧和注意事项。

首先，需要选择合适的录制设备和环境，如使用高质量的麦克风和摄像头，选择安静、明亮、清晰的录制环境等。

其次，需要注意录制过程中的一些细节和技巧，如保持稳定的画面和声音、避免过多的背景噪声等。

最后，还需要进行后期的制作和编辑，如剪辑、添加字幕、调整音频等，以提高视频的质量和效果。

2.数字视频资源的编辑——以Ulead Video Studio的视频编辑为例

Ulead Video Studio的视频编辑工作流程如下。

（1）创建新项目和打开项目。启动Ulead Video Studio后，可以选择创建新项目或打开已有的项目。在创建新项目时，可以选择预设的模板或自定义项目设置。

（2）导入素材。在项目创建完成后，可以开始导入所需的视频和音频素材。这些素材可以来自不同的设备或网站。

（3）创建序列。在导入素材后，可以创建多个素材箱来整理和归类素材，方便后续的编辑工作。

（4）将素材导入时间线中。将整理好的素材箱中的素材导入时间线中，这样就可以开始进行粗剪工作。

（5）使用工具对序列进行粗剪。在时间线中，可以使用工具对序列进行剪辑、调整和润色等操作，如添加转场效果、调整音频等。

（6）备份序列。在进行一系列编辑操作后，建议备份当前的序列，以防止意外情况发生。

（7）调整像素颜色和明暗程度。如果需要对视频中的特定像素进行颜色或明暗程度的调整，可以使用效果控件中的相关选项进行设置。

（8）新建调整图层并添加效果。在编辑过程中，可以新建一个调整图层，并添加一些效果来增强视频的表现力。

（9）添加字幕。为视频添加字幕或标题，可以增强观看体验和提供更清晰的信息。

（10）调整音频。如果需要对音频进行调整，可以使用工具箱中的音频控制器来进行音量调整、平衡等操作。

（11）导出视频。完成编辑和调整后，可以将视频导出为所需的格式和质量，可以选择输出为常见的视频格式或自定义格式。

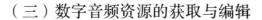

## （三）数字音频资源的获取与编辑

1.声音素材的获取

（1）网上下载

随着互联网技术的飞速发展，我们可以在网上找到各种各样的音频资源，包括音乐和效果声。确实，很多网站都会提供音乐和声音文件的下载链接，我们只需要直接点击这个链接，就可以下载音频资源。

然而，有些网站可能不直接提供下载链接，这时候我们就可以使用一些专门的下载软件，如迅雷、FlashGet等来下载这些音频资源。这些下载软件可以自动识别并下载网站上的音频文件，即使没有直接的下载链接，也可以方便地获取所需的音频资源。

（2）自行录音

制作CAI课件时，使用计算机录音是一种非常方便和实用的获取声音素材的方法。自行录音的步骤包括设备连接、设置录音属性、选定录音的通道、录音及保存。

首先，需要准备一个麦克风和一根音频线，将麦克风连接到计算机的音频输入端口。其次，打开录音软件（如Windows自带的录音机或者第三方录音软件），将录音设备设置为麦克风，并调整录音属性，如采样频率、量化位数等。再次，可以选择录音的通道，即选择用麦克风录制声音。最后，开始录音并保存录制的音频文件。

2.声音文件的编辑

获取声音素材后，根据需要进行编辑。有很多声音编辑软件可以帮助我们进行这项工作，其中Windows操作系统提供的"录音机"程序就是一个简单但实用的工具。

以下是使用Windows录音机程序编辑声音文件的简单方法。

（1）打开录音机程序。在Windows开始菜单中搜索"录音机"，或者在Windows资源管理器中打开"我的电脑"，找到"录音机"程序并打开。

（2）导入声音文件。在录音机程序中，点击"文件"菜单，选择"打开"，然后浏览到需要编辑的声音文件并选择它。接着，点击"打开"按钮，就可以将声音文件导入到录音机程序中。

（3）声音剪辑。在录音机程序的时间轴上，找到需要剪辑的位置，然后拖动鼠标选定需要剪辑的区域。点击工具栏中的剪刀图标，就可以将选定的区域剪切下来。如果需要删除不需要的部分，也可以直接点击选中并按下键盘上的删除键。

（4）音量调整。点击工具栏中的音量图标，可以调整选定区域的音量大小。通过拖动音量滑块或者直接输入音量大小的值，可以调整音量的高低。

（5）保存声音文件。完成声音编辑后，点击"文件"菜单，选择"保存"，然后输入新的文件名和保存的位置，就可以保存编辑后的声音文件了。

需要注意的是，Windows录音机程序的功能相对简单，如果需要进行更复杂的音频编辑和处理，可能需要使用更专业的音频编辑软件，如Adobe Audition、Cool Edit等。

# 第八章 教育数字化战略下高等教育教学方式的变革

随着科技的飞速发展和数字化战略的深入实施，高等教育教学方式正面临着前所未有的变革。在这一背景下，互动式教学与个性化学习、虚拟实验室与仿真教学、教师角色转变与能力提升以及学生发展需求与支持体系的完善等方面，都成为教育领域探讨的热点话题。本章具体分析这几大层面的变革。

# 第一节　互动式教学与个性化学习

## 一、教育数字化战略下高等教育中开展互动式教学

### （一）互动式教学的内涵

互动式教学最早可以追溯到哈佛大学所推崇的"案例教学法"。案例教学法以其独特的优势，被誉为哈佛大学的法宝，其核心理念在于通过真实的案例，引导学生主动思考、分析问题，从而提高学生的综合素质。随着教育理念的不断发展，互动式教学逐渐崭露头角，并得到广大学者和教育者的关注和推广。

互动式教学，顾名思义强调的是师生之间的交流与互动。这种教学方法的目的是打破传统教学中教师单方面讲授、学生被动接受的局面，通过师生间的互动、讨论、合作等方式，激发学生的学习兴趣，提高学生的主动性和创造性。在国内，学者们从不同角度对互动式教学进行了解读。金一认为，互动式教学是从现代教育理念出发，以满足学生求学需求和市场经济条件下社会人才的需求为目标，通过促进师生间的全方位沟通与相互促进，实现教学效果的提升。[1]任红杰则强调互动式教学在促进学生知识、能力和素质协调发展方面的作用。[2]张西茜则进一步指出，互动式教学是师生、生生之间

---

[1] 金一.浅析互动式教学法在高等教育中的应用[C]//Information Engineering Research Institute. Information Engi-neering Research Institute会议论文集，2013：299-304.

[2] 任红杰.关于高校互动式教学的思考[J].高校理论战线，2007（05）：43-46.

通过交互影响而建立起来的一种互助合作的教学方式，其特点在于强调学生的主体性和参与性。[①]

在国外，互动式教学的发展已经进入到利用互联网、Clicker等工具进行在线互动的时代。Biddulph认为，互动式教学也被称为聚焦式教学，它涵盖了案例分析、情景模拟、小组讨论等多种基本形式。[②]这些形式都有助于激发学生的思维活力，培养他们的分析问题、解决问题的能力。SAVA Raluca则认为，互动式教学是一种现代的教学方式，它为学生和教师之间交换思想、知识和经验提供了平台。这种教学方式的特点在于强调师生间的积极合作和学生的主动参与。[③]

在互联网技术的基础上，K. J. Bai提出了多维互动教学的理念。他强调在教学中确立学生的主体地位，致力于构建新型师生关系。[④]他认为，通过教师与学生、学生与学生、学生与CAI软件（计算机）之间的交互作用，可以有效提高教学效果。这种教学方式不仅关注学生的知识学习，还注重培养学生的信息素养和创新能力。

此外，Maria则介绍了互动式教学工具——Clicker的使用。[⑤]Clicker作为一种Classroom Response System，能够在课堂中进行实时反馈并支持师生互动。这种工具的使用使教师可以及时了解学生的学习情况，调整教学策略，从而提高教学质量。

综上所述，互动式教学是一种富有成效的教学方式。通过增加互动、强调学生的主体性和参与性，这种教学方式可以有效地提高学生的学习兴趣和

① 张西茜.美国高校课堂互动式教学方式评述[J].中国成人教育，2011（5）：111-112.

② Biddulph，F. & Osborne，R. Making sense of our world：An interactive teaching approach：Centre for Science and Mathematics Education Research[M]. Alexander Hamilton：University of Waikato，1984.

③ SAVA Raluca. Using interactive methods in teaching accounting[J]. Studies in Business and Economics，2016（2）：130.

④ K. J. Bai. Research on Multidimensional Interactive Teaching and Application in Database System Concepts Course[J]. Advanced Materials Research，2011（1）：1253-1256.

⑤ María-del-Mar Camacho-Miño & Cristina del Campo. Useful interactive teaching tool for learning：clickers in higher education[J]. Interactive Learning Environments，2016（24）：706-723.

效果。随着科技的发展，互动式教学的形式也在不断创新和完善。

## （二）互动式教学的特点

在当今教育领域，教学方式不断变革，目的是更好地满足学生的需求，以提升教学质量。其中，互动式教学作为一种新兴的教学方式，相较于传统教学方式，具有显著的优势。

### 1.课堂和课下的师生互动

在传统教学方式中，教师通常在课堂上单向地传授知识，学生则被动地接受。这种教学方式往往忽视了学生的观点和想法，导致学生对所学知识缺乏兴趣和理解。但在互动式教学中，教师不仅表达了自己的观点和看法，还鼓励学生发表自己的观点和想法，形成师生之间的良性互动。此外，在课下，教师还会布置一些供学生探讨的问题，引导学生之间进行充分的交流，有问题时也可找老师进行沟通。这种互动式教学不仅能够激发学生的学习兴趣，还能够培养学生的独立思考和沟通能力。

### 2.满足学生的心理需求

根据美国心理学家马斯洛的需求层次论，当人们的生理和安全需求得到满足后，就会追求更高层次的需求，如情感和归属需求、尊重需求以及自我实现需求。在互动式教学中，学生有机会表达自己的观点和想法，这体现了教师对学生的尊重和关注，从而满足了学生的尊重需求。同时，课堂上师生之间的充分讨论和交流，能够满足学生的情感和归属需求，使学生感受到集体的温暖和归属感。此外，当学生表达自己的观点得到教师和同学的肯定时，会产生一种成就感，满足自我实现需求。

### 3.课堂学习和课外练习的有机结合

在传统教学方式中，教师通常将问题和答案一并灌输给学生，导致学生缺乏思考和探索的能力。而在互动式教学中，学生要想在课堂上与老师和同学进行良好的互动，必须在课下进行充分的准备。他们需要大量搜集与互动主题相关的资料和素材，并进行消化吸收，以便在课堂上能够深入、具体地表达自己的观点。这种教学方式不仅充分调动了学生在课堂上的学习积极性，还促使他们抓紧课外时间去提升自己的能力和素质。这种有机结合的方式有利于培养学生的自主学习能力和终身学习的习惯，对学生的成长和成才具有重要意义。

## （三）教育数字化战略下高等教育中开展互动式教学的策略

### 1.加强教师培训、提高教师的素质，使其掌握互动式教学的精髓

教师在教学中的引导与启发作用，对互动式教学的效果具有深远的影响。互动式教学作为一种新型的教学方法，强调师生之间的交流与互动，对于提升学生的学习效果和培养其综合素质具有显著作用。而教师在这一过程中，不仅需要具备扎实的专业知识，还需要具备较高的教师素质，以确保互动式教学的有效实施。

首先，互动式教学对教师的理论功底提出了较高的要求。教师在授课过程中，需要不断提高自身的理论修养，增强对课程内容的理解和掌握。同时，教师还需要提高驾驭课堂讨论的能力，能够引导学生积极参与讨论，发现问题并解决问题。此外，教师还可以通过学生的提问，了解学生对课程的需求和兴趣，从而调整教学策略，提高教学效果。

其次，搞好互动式教学的重要前提是教师必须具备较高的教师素质。这包括教育教学方面的宽厚理论知识、所从事专业的精深广博知识、平和宽容的心态、生动活泼的教学语言、善于与人沟通交流的能力以及快速应变的能力。这些素质不仅有助于教师更好地实施互动式教学，还能够提升教师的形象和威信，增强学生对教师的信任和尊重。

为了加强教师对互动式教学的认识和心理准备，应加强教师培训。培训过程中，需要让教师了解互动式教学的特点和优势，掌握互动式教学的基本方法和技巧。同时，还需要引导教师转变传统的师生观念，建立平等、民主、和谐的师生关系，为互动式教学的顺利实施奠定基础。

在实施互动式教学的过程中，教师还需要注意把握课堂交流的节奏和局面。教师需要善于引导学生发言，鼓励学生表达自己的观点和想法。同时，

教师还需要对课堂交流进行组织和管理，确保讨论有序进行，避免偏离主题或产生不必要的争执。

2.改善教学设施以保障互动式教学的要求

互动式教学对教学设备设施提出了较高的要求。这一要求源于互动式教学与一系列教学新技术的紧密结合。这些新技术不仅丰富了教学手段，也提升了教学效果，使互动式教学成为现代教育技术改革的领航者。

在当前的教育背景下，远程网络教育和多媒体教学无疑是互动式教学的两大重要体现。远程网络教育特别是以信息网络技术为基础的第三代网络远程教育，其核心的本质特征便是教学活动中互动性的实现。通过网络平台，学生和教师可以跨越时空的限制，实现实时的互动交流，共同探讨问题，分享知识和经验。这种互动不仅有助于激发学生的学习兴趣，还能提高学生的学习效果，使远程网络教育成为一种高效、便捷的教育方式。

多媒体教学则通过利用文字、图片、音频、视频等多种媒体形式，将教学内容以更加生动、形象的方式呈现出来。在多媒体教学中，互动式教学课件的应用尤为重要。这些课件通常包含丰富的互动元素，如选择题、填空题、拖拽题等，让学生在完成题目的过程中，与课件进行互动，从而加深对知识点的理解和记忆。同时，教师也可以通过课件中的互动功能，及时了解学生的学习情况，调整教学策略，提高教学效果。

为了搞好高校互动式课堂教学，学校应当与时俱进地加大新的教学设备设施的建设力度，包括更新教室的多媒体设备，提升网络带宽和稳定性，以及购买和开发适合互动式教学需求的软件平台等。通过这些举措，学校可以为互动式教学提供强有力的硬件和软件支持，使之更好地适应现代教育的发展需求。

此外，教师也应不断提升自己的信息技术素养，掌握更多的教学新技术和新方法。只有教师具备了足够的技能和能力，才能充分发挥互动式教学的优势，提升教学的质量和效果。

3.明确教学目标、精心设计教学内容、注重课堂教学组织

在教学目的的确立上，高校应当特别注重对学生创新思维和创新能力的

培养。这种能力的培养需要教师在教学实践中不断摸索、总结和创新。学生的思维流畅性、灵活性与教师的激励度息息相关。因此，教师应以激发学生的创新潜能为己任，努力营造一种鼓励创新、包容失败的教学氛围。

在高校专业课的教学实践中，教师应结合实际，灵活运用各种教学手段和方法，激励学生主动探索、积极思考。通过设计具有挑战性的学习任务和实践活动，教师可以有效培养学生的创新思维和创新能力，从而增强学生的知识迁移能力。同时，教师还应注重启发、引导学生采用多种思维方式思考问题，提高他们独立解决实际问题的能力。

在教学内容的设计上，教师应注重"互动点"的挖掘和利用。互动式教学是一种高效、生动的教学方式，能够充分激发学生的学习兴趣和主动性。但要实现有效的互动式教学，教师需要付出更多的时间和精力来做好课前准备工作。备课与教案准备是增强课堂互动式教学的有效手段，教师应根据教材各部分之间的逻辑关系和学生的认识规律，科学合理地组织教学内容。针对即将教授的某些重点、难点，教师应精心设计"互动点"，为课堂上的"互动"做好充分准备。

在互动式教学的实施过程中，教师应掌握时机，因时就势地插入精心设计的"互动点"与学生进行互动。这种互动可以表现为提出实际的问题促使学生思考，也可以就某一现场的技术难题展开课堂讨论，甚至可以就专业内某些互相对立的观点开展课堂辩论。通过这些丰富多彩的互动形式，教师可以鼓励学生充分展示自己，表达自己的想法。同时，适当的鼓励和表扬也是学生创造能力的催化剂，可以极大地调动学生的参与欲，有效活跃课堂气氛。

此外，教师在教学方法上也应努力提高进行互动的艺术。教师可以善于"借题发挥"，将某些学生感兴趣的热点话题、新闻事件等与授课内容相结合，激发学生的学习兴趣和参与度。同时，教师还应预留空白，给学生留出一定的思考空间，鼓励他们就某些教学内容和现实中的问题发表自己的见解和想法。

在调控学生的互动情绪方面，教师应善于活跃课堂气氛，营造一种轻松、愉快的学习氛围。同时，教师还应善于使教学内容贴近实际，增强学生参与互动的主动性和积极性。通过师生之间的这种互动教学过程，教师不仅可以更好地传授知识，还可以实现教学相长的目的，提高自己的教学能力和水平。

但实施互动教学也需要具备一定的客观条件。在人数众多的大班授课情况下，开展互动教学可能会面临一定的困难。因此，为了充分发挥互动式教学的优势，建议实行小班授课制，以便更好地满足学生个性化学习和发展的需求。

**4.适度采用互动式教学方法、注重多种教学形式并用**

选择使用互动式教学无疑是一种创新的教学方式，它在提升学生学习积极性、促进知识吸收和应用等方面具有显著的优势。但互动式教学的推广使用也需要考虑多种因素。尤其在教师需因互动式教学要求而提升自身能力素质心理的基础上，互动式教学的实施更需审慎对待。

互动式教学的成功实施，首先要求教师具备较高的专业素养和教育技能。教师不仅要对学科知识有深入地理解，还要掌握引导学生参与互动、激发学生思考的有效方法。同时，教师还需要具备灵活应变的能力，以应对学生在互动过程中可能出现的各种问题和挑战。

此外，互动式教学还需要学生的积极配合和自身能力的提高。学生应具备一定的自我预习能力，对讨论的内容有一定的了解和准备。同时，学生还需要有一定的自我体验经历，能够结合自己的生活实践对互动内容进行深入思考和讨论。此外，学生还需要有足够的时间来领悟和消化互动内容，以便更好地掌握知识和技能。

互动式教学在不同学科和教学层次中的应用也需要有所区别。对于某些理论性较强的学科，互动式教学可以更多地采用案例分析、小组讨论等方式，以引导学生深入思考和理解知识。而对于实践性较强的学科，互动式教学则可以更多地结合实践操作、实验演示等方式，以提高学生的实践能力和创新能力。

在实施互动式教学时，高校还应注意将其与传统教学方法有机结合。互动教学并非要完全取代传统教学方法，而是要在保留传统教学方法优点的基础上，融入更多的互动元素，以丰富教学手段、提高教学效果。

在实践教学环节中，互动式教育显得尤为重要。实践训练环节不仅有助于学生将理论知识与实际操作相结合，还能培养学生的实践能力和解决问题的能力。因此，高校应完善实践教学条件，为互动式教学提供必要的物质基础。

在专业教学中，专业实习是一个重要的实践环节。在这一环节中，教师应积极引导学生参与生产实践，亲身体验生产现场、了解生产实际。通过实习过程中的互动，教师可以帮助学生更好地理解理论知识与实际应用之间的联系，同时也有助于提高学生的职业素养和实践能力。

此外，在课程设计和毕业设计等实践环节中，教师也应加强与学生的互动。这些环节是学生将所学知识应用于实际问题的关键时期，也是师生互动的有利时机。教师应针对学生的设想提出中肯的意见，为他们提供必要的指导和帮助，以促进学生更好地完成实践任务。

在互动教学中，教师应善于利用新型师生关系，营造平等、民主的教学氛围。在这种氛围中，学生可以更加积极地参与教学活动，与教师进行深入的交流和讨论。同时，教师也应及时转换角色，从知识的传授者转变为学习的引导者和促进者，以更好地发挥互动式教学的优势。

# 二、教育数字化战略下高校学生的个性化学习

## （一）个性化学习的内涵

纵观以往研究，高校可以发现众多学者从多个维度对"个性化学习"进行了深入探究和界定。这些界定不仅丰富了个性化学习的内涵，也为高校理解其实质提供了多角度的视野。

有学者认为个性化学习是一种独特的学习方式。[①]他们认为，这种方式

---

① 费龙，马元丽.发展个性化学习 促进教育公正——英国个性化学习基本理论及实践经验探讨[J].全球教育展望，2010，39（8）：24-46.

更加关注儿童的个体发展，致力于帮助他们挖掘自身的潜力，从而获得学习成就。通过这种方式，儿童能够更好地适应未来社会，积极融入其中，并走向成功。这种界定强调了个性化学习在促进儿童个体发展方面的积极作用，体现了其教育价值。

有学者将个性化学习视为一种学习范式。[1]这种范式以尊重学习者的个体差异为前提，目的是促进学习者的个性发展。这种界定突出了个性化学习在尊重个体差异、发挥个体优势方面的特点，有助于高校理解个性化学习的本质。

还有学者将个性化学习看作针对个体学生特定的学习需求、兴趣、意愿或文化背景等因素而推出的一系列教育项目、学习经验、教学方法和学术支持策略。[2]这种界定强调了个性化学习在满足学生个性化需求方面的作用，有助于高校认识到个性化学习在提升学习效果、促进全面发展方面的重要性。

因此，笔者认为个性化学习是一种学习者根据自身实际特点、个人兴趣及发展需求等因素，自发调整学习计划，以实现自身全面发展的学习过程。这一定义既包含了个性化学习的内涵，也突出了其特点和价值。

尽管不同学者对个性化学习的定义略有差异，但无论是将其视为一种学习范式、教育项目还是学习方法，都存在一些共性。

从学习目标来看，个性化学习强调学习者的学习过程既是追求自我、实现自我的过程，也是自身发展的过程。其目标在于促进每名学生的个体发展，帮助他们充分发挥自己的潜能。

从逻辑起点看，个性化学习强调遵循学生的个体差异。每名学生都是独一无二的个体，他们在智力、兴趣、性格等方面都存在差异。因此，个性化学习强调根据学生的个体差异，采取恰当的手段和策略，以满足他们的学习需求和发展目标。

---

[1] 高地.MOOC热的冷思考——国际上对MOOCs课程教学六大问题的审思[J].远程教育杂志，2014，32（2）：39-47.

[2] 龚志武，吴迪，陈阳键，等.新媒体联盟2015地平线报告高等教育版[J].现代远程教育研究，2015（2）：3-22+42.

从学习形式来看，个性化学习强调多元化。在当今社会，人们的学习方式日益多样化，个性化学习也不例外。个性化学习可以采用多种学习形式，如自主学习、合作学习、探究学习等，以适应不同学生的学习特点和需求。这种多元化的学习形式有助于激发学生的学习兴趣和积极性，提高他们的学习效果和综合能力。

从学习动机来看，个性化学习强调内驱力的作用。学习动机是推动学习者学习的关键因素之一。在个性化学习中，学习者通常具有强烈的学习动机和意愿，他们愿意根据自己的兴趣和发展需求去主动学习、探索和创新。这种内驱力不仅有助于提高学生的学习效果，还能培养他们的自主学习能力和创新精神。

## （二）数字化时代对个性化学习的支持作用

数字化时代以其先进的技术支撑，为个性化学习提供了有力的保障。在现今这个信息爆炸的时代，学生的个体差异越来越明显，因此实现个性化学习显得尤为重要。数字化时代正是基于学习过程的三个阶段，为个性化学习提供了全面的支持。

（1）精准地识别和分析学习者的特征及需求。认知诊断技术作为数字化时代的重要支撑，整合了多种理论，通过测试的方式全面评估和诊断学生的学习情况。它不仅能够帮助教师更加精准地了解每名学生的特点，因材施教，还能够帮助学生更加清晰地认识自己的长处和不足，从而有针对性地制订学习计划。基于认知诊断技术的支撑，数字化时代能够对学生的认知结构、认知过程和认知水平进行深入分析，从而获取学习者在认知、情感和行为等方面的全面数据，为个性化学习奠定坚实的基础。

（2）实现学习过程的记录与分析。学习分析技术作为数字化时代的关键技术，能够实时追踪学习者的学习过程，了解学习活动的发生和发展，并对学习结果做出预测和建议。通过学习分析技术，教师可以客观地了解学生的学习需求，进而提供个性化的学习服务。同时，学习分析技术还能够为学习者提供学习行为表现的动态反馈，帮助他们及时调整学习策略，提高学习效率。此外，学习分析技术还能够通过预测学习者未来的表现，识别出有学业失败风险的学习者，并为他们提供及时的预警服务，从而有效避免学业失败的发生。

（3）实现学习结果的个性化评价。个性化学习评价不再拘泥于传统的标准化评价模式，而是根据学习者的个性特征进行精准、差异化的分析与评价。数字化时代的学习记录与智能分析功能能够多维度地收集学习者的学习过程数据，并通过可视化技术展示给教师和学习者。这可以使个性化评价更加科学、客观，有助于教师更加全面地了解学生的学习情况，为教学决策提供有力支持。同时，个性化评价还能够帮助学生更加清晰地认识自己的学习成果和不足，激发他们的学习动力和自信心。

## （三）教育数字化战略下个性化学习的显著特征

在教育数字化战略下，随着智能技术的迅猛发展和智能产品的日益成熟完善，学生个性化学习的实现得到了坚实的物质支撑。这为个性化学习的孕育与普及创造了有利条件。具体而言，教育数字化战略下的个性化学习呈现出以下几个显著特征。

### 1.学习分析可预测性

因材施教强调针对每名学习者的独特性格、兴趣和能力，进行差异化的教学，以充分挖掘和发挥每名学习者的潜能。在这个过程中，个性化学习扮演着至关重要的角色，它是因材施教的实现方式，也是教育现代化的重要体现。

个性化学习，顾名思义就是根据学习者的个体差异，提供定制化的学习资源和路径。这种学习方式打破了传统教育中"一刀切"的教学模式，使每名学习者都能得到最适合自己的教育。要实现个性化学习，首先需要对学习者进行深入的学习分析。这种分析不仅关注学习者的知识水平，还要关注其能力素养、行为规律、兴趣爱好等多方面特征。通过多模态综合分析，可以全面了解学习者的学习特点和需求，为后续的学习路径选取、学习资源推送、学习问题干预等提供有力支持。

智能化学习分析是实现个性化学习的关键技术。它利用大数据、人工智能等技术手段，对学习者在学习过程中产生的数据进行深入挖掘和分析。通过对学习者学习行为的跟踪和记录，可以实时掌握学习者的学习状态和进度，为学习者提供个性化的学习建议和指导。同时，智能化学习分析还可以对学习者进行预测分析，预测其未来的学习表现和可能遇到的问题，从而提前进行干预和调整。

美国新媒体联盟的《地平线报告》在2010年首次提出了学习分析技术，这一技术的出现引起了各国的广泛关注。随着技术的不断发展，学习分析已经成为教育领域的重要研究方向。

在智能教育背景下，学习分析呈现出越来越多的可预测性特征。多模态学习分析就是其中的一种重要技术。它通过多种分析技术，对学习者在学习情境中产生的多模态学习行为数据进行统一化整合处理及建模分析，以此来预测学习者的学习行为风险。这种技术不仅能够为学习者和教师提供导学服务和教学支持，还能进一步优化学习过程，解释学习机理。

在实际应用中，多模态学习分析的工作原理是透过学习者在学习情景中的表层数据，剖析数据背后学习者的内在蕴涵。通过对学习者在学习过程中的行为、表情、声音等多模态信息的综合分析，可以更加深入地了解学习者的学习状态和心理变化。同时，多模态学习分析还可以利用机器学习等技术手段，对学习者的学习潜能进行预测和评估，从而为学习者提供更加精准的学习建议和指导。

### 2.资源推送有针对性

随着时代的不断前进和科技的迅猛发展，各类学习资源以惊人的速度增长，呈现出爆炸式的增长趋势。在这个信息爆炸的时代，如何有效地管理和利用这些学习资源，让它们能够更精准地满足每位学习者的个性化需求，已然成为摆在高校面前的一道重要课题。

过去，对于教育资源的管理往往更侧重于系统性，而对于学生真实所需资源的关注度却略显不足。这种管理模式虽然在一定程度上保证了资源的完整性和系统性，但难以适应学习者个性化需求的差异。而进入智能教育时代，信息技术和互联网的飞速发展为高校提供了更加广阔的平台和工具，使个性化学习资源推送成为可能。

在智能教育时代，各种信息技术的加入使学习资源推送更加精准和高效。通过收集和分析学习者的学习行为、兴趣偏好等数据，系统可以基于每名学习者的实际需求进行个性化推送。这种推送方式不仅能够帮助学习者快速找到适合自己的学习资源，还能够降低他们在海量信息中迷失的风险，从而有效提高学习效率。

此外，有针对性的资源推送还有助于提升学习资源的使用和开发效率。由于每位学习者的认知水平、认知能力以及兴趣偏好都存在差异，因此如果对所有学习者进行统一的学习资源推送，很可能会导致资源的重复推送和使用效率不佳等问题。而个性化学习资源推送则可以根据学习者的个性特点进行精准推送，避免资源浪费，提升资源的使用和开发效率。

协同过滤算法便是实现有针对性资源推送的一种重要技术。该算法通过找到与目标用户相似的用户群组，将相似用户偏好的学习资源、学习路径等推荐给目标用户。这种推荐方式能够有效地解决传统推荐技术中存在的数据稀疏、冷启动等问题，使学习资源推荐更加精准和有效。

我国学者覃忠台在这一领域进行了深入的研究。他认为，基于协同过滤算法的学习资源推荐能够有效缓解传统推荐技术中的诸多问题。为了验证这一观点，他进一步构建出了基于协同过滤算法的学习资源推荐模型，并结合目标学习者的属性特征信息推荐与之相适应的学习资源。通过与传统推荐算法模型进行比较，他发现该模型确实在一定程度上表现出了更好的性能。

3.学习诊断精准性

学习诊断对于学习者的个性化学习目标达成具有至关重要的作用。在智能教育高速发展的时代背景下，学习者面临着海量的学习资源和多样化的学习方式，如何从中选择最适合自己的路径，成了一个亟待解决的问题。因此，对学习者进行精准的学习诊断，成为实现个性化学习目标的关键步骤。

在智能教育的推动下，学习诊断逐渐呈现出精准化的特征。这种精准性不仅体现在诊断手段的先进性上，更体现在诊断结果的深度和广度上。相较于传统学习诊断仅仅依赖学习者的试卷得分、比赛名次等表面结果进行分析，精准型学习诊断则更加注重对学习者学习过程的深度剖析和全面监测。

精准性学习诊断的科学化体现在其运用先进的智能化技术。借助大数据、人工智能等高科技手段，精准性学习诊断系统能够深层次地剖析学习者的学习行为、思维模式以及学习过程中的难点痛点。这种深层次的诊断方式使分析结果更加客观、准确，能够为学习者提供更有针对性的建议和指导。同时，精准性学习诊断的针对性也是其重要特点之一。通过全方位、全过程地监测学习者的学习状况，智能学习诊断系统能够及时发现学习者在学习过程中存在的问题和不足，并根据具体情况给出相应的解决方案。这种个性化的指导方式使学习者能够更加清晰地认识到自己的问题所在，从而有针对性地进行改进和提升。

在我国，精准性学习诊断已经得到了广泛地应用。以个性化英语学习诊断与指导网络系统（简称PELDAS）为例，该系统以学习者个体差异为基础，通过运用智能CAI技术、计算机多媒体技术等多种智能技术，为学习者提供全面、系统的个性化学习指导。[①]在PELDAS中，学习者自我诊断模块包含了多个测评与指导部分，如卡特尔16PE测评、学习风格测评与指导等，目的是帮助学习者全面了解自己的学习特点和需求，从而制订出更加合适的学习计划。

### 4.学习评价科学性

在当前的教育环境中，个性化学习评价已成为学习评价改革的重要发展趋势，尤其在智能教育的大背景下，人工智能所带来的智能识别、智能分析与处理、智能测评等技术优势，为实施个性化学习评价提供了强大的支撑。

科学性的学习评价是智能教育背景下的一大重要特征，同时也是高校所追求的重要目标。这种评价方式从多个角度出发，全面而细致地考查学生的学习状况，有助于促进学生核心素养的发展。

相较于传统的纸笔测验，科学性的学习评价更能依托智能技术，将多样化的评价指标内置于学习者的学习空间内。这不仅可以从多个角度考察学生的学习情况，更能促进每一名学习者的个性发展，有助于培养他们的核心素

---

① 马晓梅，孟亚茹.“个性化英语学习诊断与指导系统”实证研究与系统构架概要[J].外语教学与研究，2008（3）；184-187.

养。此外，科学性的学习评价还有助于实现学习者学习全过程的数据化，进一步完善评价体系，提升评价质量。[①]

在智能教育背景下，物联网感知等数据采集技术的应用使以往难以采集或无法采集的信息变得可采集、可量化。这为学习者开展全面评价提供了良好的基础，促进了评价体系的不断完善。通过学习者的在线学习行为、作业完成情况、互动参与度等多维度数据，高校可以更全面地了解学生的学习状况，为个性化学习评价提供有力支持。

我国学者陈敏、杨现民等人提出的基于过程性信息的个性化学习评价系统，正是这一趋势的生动体现。[②]该系统主要由提供个性化的评价方案以及基于过程性信息进行评价两大方面组成。通过对学习者的全部过程性信息进行整理归类并纳入评价标准之中，然后根据学习者不同的知识水平及学习目标，为学习相同内容的学习者提供个性化的评价标准。这种评价方式能够更准确地反映学习者的实际情况，有助于提升学习效果和教学质量。

## （四）教育数字化战略下个性化在线学习模式构建与实施

### 1.数据分析与挖掘技术的应用

数字化技术的飞速发展使数据汇算和精准分析成为智慧教育运行不可或缺的基础。在构建个性化在线学习模式的过程中，汇算学习者数据更是起到了至关重要的作用。通过对学习者学习行为数据、学习成绩数据和学习反馈数据等进行全面而深入地分析，高校能够真实地掌握学习者在学习过程中遇到的种种困难，进而为他们提供更为精准的学习支持。

（1）有助于高校全面了解学习者的学习状况。在学习过程中，每个学习者都会展现出不同的学习特点和需求。通过收集和分析学习者的学习数据，高校可以深入了解他们的学习习惯、兴趣爱好以及学习难点，从而为后续的

---

① 刘斌，郭雨轩.人工智能赋能个性化学习评价：价值意蕴与实践路径[J].衡阳师范学院学报，2023，44（1）：131-136.

② 陈敏，杨现民.泛在学习环境下基于过程性信息的个性化学习评价系统的设计与实现[J].中国电化教育，2016（6）：21-26+120.

个性化学习提供有力的支撑。高校可以根据学习者的实际情况，量身打造出适合他们的学习方式，如调整学习进度、推荐相关学习资源等，以满足他们的个性化需求。

（2）有助于高校优化学习内容的设置。在构建个性化在线学习模式时，高校需要根据学习者的学习目标和兴趣来设置相应的学习内容。通过对学习内容的深度分析和挖掘，高校可以从多个维度出发，构建出符合学习者需求的学习模式。高校可以根据学习者的学习路径和习惯，为他们推荐相关领域的专题课程、学习资源和书籍等，以帮助他们更好地掌握知识和技能。

（3）知识图谱的构建也变得更加便捷。通过将学习领域的知识整理成知识图谱，高校可以更好地帮助学习者理解和掌握知识。知识图谱不仅可以展示知识之间的关系，还可以为学习者提供更好的学习导引和认知支持。同时，挖掘技术和数据分析技术的支持也使高校能对学习者的学习情况进行综合评价，加快知识图谱的建设速度，实现学习路径的合理化设置。

在智慧教育中，学习预测同样占据着重要的地位。通过使用先进的挖掘技术和数据分析技术，高校可以预测学习者的学习表现和学习行为，为今后个性化学习模式的设置提供科学的指导。高校可以根据学习者的学习成绩和学习进度，对他们在今后学习过程中可能出现的困难点进行预测，从而及时地进行干预和调整，确保个性化学习能够发挥出应有的作用。

### 2.学习环境的优化和支持

个性化在线学习模式的实施是一项复杂而精细的任务，其成功离不开完善的硬软件设施的支持。一个良好的学习环境应当建立在先进的技术基础之上，确保学习者能够在这样的环境中获得最佳的学习体验。

在硬件方面，首先，网络连接的速度和稳定性是至关重要的。只有高速稳定的网络，才能保证学习者在访问学习资源、进行在线交流以及参与各种学习活动时的顺畅进行。其次，学习平台和应用程序的可靠性也是必不可少的。这些平台和程序需要稳定地运行，为学习者提供持续的服务。此外，支持个性化学习的数据分析和挖掘技术也是智慧学习平台的基础条件之一。通过这些技术，平台能够更好地理解学习者的学习需求和习惯，从而为他们提供更加精准的学习资源和推荐。

除了硬件设施，学习环境还应提供恰当、专属的设备选择。不同的学习者可能拥有不同的学习设备和习惯，因此学习环境需要能够提供多种设备选择，以满足学习者的个性化需求。这样学习者就能够根据自己的喜好和习惯，选择最适合自己的设备进行学习。在软件方面，学习环境应能提供丰富多样的学习资源，以满足学习者的不同需求和学习风格。这些资源可以包括多种形式的教材、学习视频、练习题、在线课程等。这些资源不仅能满足所有学生的学习需求，还能实现专属定制与个性化推荐。通过分析学习者的学习行为和兴趣，平台可以为他们推荐最适合的学习资源，从而最大程度地提高学习效果，开阔学习者的学习视野。

# 第二节　虚拟实验室与仿真教学

## 一、教育数字化战略下高等教育中虚拟实验室的构建

高校云计算虚拟实验室的建设与发展不仅是技术进步的体现，更是教育资源协调统一发展的必然要求。随着教育领域的不断深化改革，教育信息一体化、信息化、数字化的服务体系目标已经明确提出。在这一背景下，高校教育教学资源的整合与共享成了一个重要的议题。

目前，云计算虚拟实验室已逐渐成为高校实验教学的主要平台。通过运用云计算技术，高校能够构建更加专业的实验实训环境，使学生在真实场景中不断锤炼技能，提升自身能力。该虚拟实验室的核心工作原理在于利用云计算大数据的集中部署方式，为学生提供丰富的虚拟资源。同时，借助云实训资源，可以对底层计算、存储及网络资源进行动态调度，以优化资源配置。此外，通过集中化的实训教学管理平台，实现对实训资源、教学条件及实验环境的统一管理与监控，确保实验教学的高效、有序进行。云计算虚拟

实验室的总体架构设计应遵循面向服务的架构（SOA）的原则，这一原则强调将应用功能作为服务进行模块化处理，通过定义良好的接口和契约，使服务之间能够很好地进行相互调用和协作。

虚拟实验室依托网络信息技术和计算机技术，通过计算机软件建立与教学相关的虚拟实验环境，并对实验设备和道具等进行仿真处理，使学生在学习中通过虚拟的方式来进行实验学习。这种教学方式不仅克服了传统实验室的局限性，还为学生提供了更加灵活、便捷的学习体验。

虚拟实验室在高校教学中的应用具有诸多优势。首先，它能够利用先进的信息科学基础为学生创造虚拟的实验场景及对象，使学生能够在虚拟环境中进行实验操作，从而更加直观地理解实验原理和过程。其次，虚拟实验室能够通过虚拟方式引导学生按照相应的流程及操作规范完成操作任务，提高学生的实验操作能力和规范性。此外，虚拟实验室还能够通过虚拟的方式对实验现象进行展现，帮助学生更好地理解实验现象的本质和规律。同时，虚拟实验室还能根据学生的实际操作情况进行反馈，让学生及时了解自己的不足之处，并进行针对性地改进。最后，虚拟实验室还允许学生就自己的实验操作进行浏览，方便学生进行回顾和总结。

为了更好地发挥虚拟实验室在高校教学中的作用，教师还需要重视对学生的认知能力进行培养。由于虚拟实验室中的实验操作往往缺乏真实感，可能会给学生带来一定的不适感和困惑。因此，教师需要根据学生的性格特征和实际情况，引导学生逐步适应虚拟实验环境，提高学生的认知能力和实验操作能力。此外，教师还需要在实验之前设计相应的问题并引导学生进行充分地思考，以提高学生在实验中的有序性和主动性。

## 二、教育数字化战略下高等教育中实施虚拟仿真教学

### （一）虚拟仿真教学的内涵

虚拟仿真教学作为一种以仿真方法论为指导的实践教学形式，近年来在

教育领域得到了广泛的关注和应用。[①]它以其独特的优势突破了传统教学模式的局限性，为学生提供了一个更为直观、生动的学习环境。

在范畴定位上，虚拟仿真教学被视为一种依靠教学主阵地的实践教学。它不同于传统的课堂教学，通过仿真技术对内置的知识技能进行高度加工，使学生在操作过程中能够亲身体验到知识的运用和技能的掌握。这种教学方式突破了传统课堂的时空限制，让学生在任何时间、任何地点都能够进行学习和实践。同时，虚拟仿真教学也符合实践教学的内涵界定，它要求学生广泛参与，通过操作人机交互界面来调节教学中的参数变量，从而观察和总结传输设备虚拟结果，获取相应的知识技能。

## （二）虚拟仿真技术融入高校实践教学可行性

近年来，国家对于虚拟仿真技术与实践教学的融合给予了大力支持。教育部发布了《关于开展国家虚拟仿真实验教学项目建设工作的通知》，目的是大力推动虚拟仿真实验教学项目的发展，并加快线上仿真实验课程的建设步伐。

虚拟仿真技术的迅猛发展为实践教学注入了强大的科技动力。如今，越来越多的高校开始将虚拟仿真技术应用于实践教学领域，如虚拟仿真实验室、虚拟仿真物流实训基地等，这些实践基地的建成不仅丰富了教学手段，也提高了实践教学的效果。在国家政策的推动下，虚拟仿真技术不断完善，其在高校实践教学中的应用前景十分广阔。

## （三）虚拟仿真技术融入高校实践教学的路径

虚拟仿真技术作为现代科技的杰出代表，为高校实践教学探索开辟了新的天地。这一技术的引入不仅有助于破解传统实践教学中的误区，更为高校师生提供了一个更加广阔、深入的实践学习平台。下面高校将从三个方面详

---

① 万桂怡，崔建军，张振果.高校虚拟实验平台的设计及实践[J].实验室研究与探索，2011（3）：386-389.

细探讨虚拟仿真技术与高校实践教学融合的路径。

勇于接受新事物，不断提高自身水平。虚拟仿真技术并非一蹴而就地融入高校实践教学，而是一个长期的、不断探索的过程。面对这一变革，部分高校教师可能存在抵触情绪，习惯性地按照传统实践教学方法进行教学。但这种抵触情绪并不利于教学的进步与发展。因此，高校教师首先要转变思想，从内心深处真正接受虚拟仿真技术，并将其视为提高实践教学质量的重要工具。同时，教师还需要不断学习新知识、新技能，深入了解虚拟仿真技术的特点和应用方法，以便更好地将其与实践教学相结合。

结合自身优势，加强交流与合作。虚拟仿真技术的引入需要高校具备一定的硬件和软件条件，如虚拟仿真设备的采购和维护、教师培训等。但由于不同高校之间的实力差异和资源限制，仅凭自身努力难以实现二者的有效融合。因此，高校之间应加强交流与合作，实现资源共享和优势互补。通过联合采购设备、共享教学资源、共同开展教师培训等方式，不同高校可以共同推进虚拟仿真技术与实践教学的融合进程。

明确虚拟仿真教学逻辑，健全反馈机制。虚拟仿真教学涉及多个方面，需要协调推进。高校应明确教学内容和教学需求，根据虚拟仿真技术的特点和优势，有针对性地引进和应用相关技术。同时，学校还应建立完善的虚拟仿真教学管理平台，对虚拟仿真设备的使用进行有序组织和管理，确保教学过程的顺利进行。

# 第三节　教师角色转变与能力提升

## 一、高校教师的数字素养

教师数字素养作为专门针对教师这一特殊角色的数字素养概念，不仅涵盖了普通公民应具备的数字素养，还增添了与教育教学活动紧密相关的特殊内涵。教师作为数字公民，需要掌握基本的数字技能，如信息检索、处理和应用等；而作为培养数字公民的教育者，他们还需具备将数字技术有效融入课程和教学活动的能力，以引导学生正确、安全、高效地使用数字技术。

近年来，随着信息技术的迅猛发展，教师数字素养的内涵也在不断扩展和深化。从最初的信息素养、计算机素养，到如今的数字化胜任力和数字素养，这些概念的演变反映了数字技术在教育领域的日益重要性和广泛应用。当前的教师数字素养更强调数字技术与教育教学的深度融合，注重实际问题的处理和批判性思维的培养，同时新增了数字道德伦理素养等要素。但由于技术发展日新月异，相关研究时间相对较短，目前学术界对教师数字素养的定义尚未达成共识。不同的研究者从不同的角度出发，提出了各自的观点和定义，使教师数字素养的内涵显得较为零散和多样。这也在一定程度上反映了教师数字素养的复杂性和多面性。

2022年12月，教育部发布的《教师数字素养》教育行业标准为教师数字素养提供了一个更为全面和深入的定义。这一标准不仅强调了教师在获取、加工、使用、管理和评价数字信息方面的能力，还突出了教师在发现、分析和解决教育教学问题，以及优化、创新和变革教育教学活动方面的意识和责任。

## （一）数字化意识

在当前"数字中国""数字经济"成为国家发展新引擎的大背景下，教育领域的数字化转型也显得尤为迫切。

随着2022年国家智慧教育公共服务平台的上线，丰富的优质教育资源和公共服务得以广泛推广，这对于提升教育质量、促进教育公平有积极的溢出效应。作为教育的核心资源，教师必须深刻认识到数字技术的重要价值，并主动将其应用于教育教学实践中。

具体而言，教师需要理解数字技术在优化教学流程、创新教学模式、提升教学效果等方面的巨大潜力。通过应用数字技术资源，教师可以更加高效地获取、整合和利用各类教学资源，从而丰富教学内容、提高教学效率。同时，数字技术还能够为教师提供更为便捷的交流与协作平台，促进教师之间的经验分享与知识更新。

在推进数字时代教育教学改革的过程中，教师需要打破传统的教学惯性，以开放、包容、创新的心态积极应对数字技术的挑战。通过不断探索和实践，教师可以逐步掌握数字技术的核心技能，将其融入日常教学中，为顺利开展数字教育迈出坚实的第一步。

## （二）数字技术知识与技能

通过提升数字技术知识与技能这一维度，不仅有助于发挥数字技术资源的效益，还能为教师开展数字化教育教学实践做好充分准备。同时，这也是教师适应数字化时代教育发展的必然趋势，有助于推动教育教学的创新与发展。因此，教师应积极学习和掌握数字技术知识与技能，不断提升自身的数字化素养，以更好地适应数字化时代的教育需求，为学生的全面发展提供有力支持。

## （三）数字化应用

教师应以教育教学全过程的实际需要为出发点，充分发掘并利用优质数字教育资源。通过将数字技术资源融入教学设计、环境创设以及学业评价中，教师可以优化教学流程，提升课堂活力，进而实现学生自主、探究、协作学习的教学目标。这不仅有助于提升学生的学习效果，还能培养他们的数字素养和综合能力。

此外，教师在利用数字技术资源时，还应关注学生的身心健康和数字素养发展。通过合理引导和管理学生的数字行为，教师可以帮助学生树立正确的数字观念，养成良好的数字习惯，从而实现数字化赋能"五育并举"的教育目标。

为了进一步提升教师的数字化应用水平，教育部门可以加强相关培训和指导，提供丰富的数字教育资源和技术支持。同时，学校也可以搭建数字化教学平台，为教师提供展示和交流数字化教学成果的机会，推动数字化教育教学的深入发展。

### （四）数字社会责任

数字社会责任作为教师在数字化活动中必须承担的道德修养和行为规范方面的责任，是确保教育公平、包容、绿色、开放和合作的基石。我国是网络大国，信息、资源以及数字产品服务的涌现为教育教学带来了无尽的便利，但与此同时也带来了一系列挑战。

面对这些挑战，教师必须承担起数字社会责任，积极创建文明、安全、健康的教育教学环境。具体而言，教师应在使用数字技术的过程中严格遵守基本法治道德规范，确保自己的行为合法合规。同时，教师还应加强数字安全管理，防范数字安全风险，确保学生的个人信息安全和隐私不受侵犯。

### （五）专业发展

专业发展是教师职业生涯中不可或缺的一部分，特别是在数字化时代，利用数字技术资源促进自身及共同体专业发展显得尤为重要。这一维度的提升不仅有助于教师个体及共同体专业能力的持续发展，更能有效支持教师开展数字化创新应用与实践，从而服务于全民终身学习。

## 二、高校教师智慧教学能力

### （一）良好的信息素养

教师需要具备信息整合能力。他们需要将信息技术与学科教学进行有机整合，将信息技术与学科课程相融合，创新教学方式，提高教学效果。同时，教师还需要将信息技术与学生的生活实际相结合，引导学生运用信息技术解决实际问题，培养学生的创新思维和实践能力。

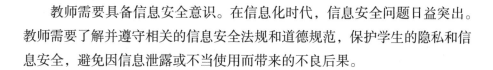

教师需要具备信息安全意识。在信息化时代，信息安全问题日益突出。教师需要了解并遵守相关的信息安全法规和道德规范，保护学生的隐私和信息安全，避免因信息泄露或不当使用而带来的不良后果。

## （二）创新教学方式

在信息化时代，将传统教学方式与信息技术相结合，创新教学方式是提高教学效果的重要途径。

（1）利用多媒体技术制作生动形象的课件。通过利用多媒体技术，教师可以制作出生动形象的课件，将抽象的知识点以更加直观、形象的方式呈现给学生。

（2）利用网络平台开展线上教学。网络平台的普及为教师提供了新的教学途径。教师可以利用网络平台开展线上教学，实现师生实时互动，让学生随时随地都能接收到优质的教育资源。线上教学还可以通过在线测试、在线讨论等方式丰富教学内容和形式，提高教学效果。

（3）采用翻转课堂、混合式教学等新型教学模式。翻转课堂、混合式教学等新型教学模式可以激发学生的学习兴趣和动力，提高教学效果。

## （三）培养学生的学习能力

培养学生的学习能力比单纯传授知识更为重要。教师需要关注学生的学习特点和需求，注重培养他们的自主学习意识和习惯。同时，还需要引导学生在实践中学会学习，利用网络资源提供丰富的学习材料和实践项目，鼓励学生通过自主学习和合作学习的方式提高学习能力。只有这样，才能更好地培养出具有创新思维和实践能力的新时代人才。

## （四）构建智慧教育环境

智慧教育环境可以支持智能化的教学管理和评估。通过数字化校园和智慧教室等平台，教师可以实现对学生学习情况的跟踪和管理，及时掌握学生的学习情况和需求。同时，通过对学生的学习数据进行分析和处理，教师可以对教学效果进行评估和反馈，及时调整教学策略和方法，提高教学质量。

## （五）建立激励机制

建立科学的激励机制是激发教师提升智慧教学能力的关键。学校需要设立专项奖励表彰优秀教师；提供晋升机会和职业发展规划；提供培训和进修机会；建立良好的工作环境和福利待遇以及科学的反馈机制等方面的支持和激励措施。通过这些措施的实施，可以激发教师提升智慧教学能力的积极性和创造力，提高学校的教学质量和水平。

# 三、高校教师数字素养结构模型的构建

## （一）数字素养框架构建理念

在数字化时代背景下，高校教师数字素养的提升已成为高等教育数字化转型的关键一环。国内外政府和教育权威机构对全面提高高校教师数字技术能力的关注程度日益提高，这充分反映了数字化时代对高等教育的新要求和新挑战。构建科学、合理的高校教师数字素养框架对于推动高等教育数字化变革具有至关重要的意义。首先，这样的框架能够为高校教师提供明确的数字素养目标和路径，有助于他们更好地适应数字化教学环境，提升教学效果和创新能力。其次，数字素养框架的构建也有助于促进高校教师之间的交流和合作，共同推动高等教育的数字化转型。

### 1.以促进教师专业发展为目标

随着互联网、大数据、云计算、人工智能等技术的广泛应用，数字教育生态正在经历深刻的变革和重塑。这种变革不仅改变了教育资源的获取方式和教学方式，也对教师的专业素养和能力结构提出了新的要求。因此，数字时代的高校教师不仅需要具备扎实的专业知识，还需要掌握数字化技能，以便更好地利用数字技术进行教学和科研工作。

为了推动高校教师的专业发展走专业化与数字化的融合之路，需要构建科学、合理的高校教师数字素养框架。这一框架应包含数字意识、数字知识、数字技能、数字伦理等多个方面，目的是全面提升教师的数字素养，使其能够适应数字化教育的新常态。

在构建数字素养框架的过程中，还应注重实践应用和创新能力的培养。教师可以通过参与在线课程开发、数字化教学资源建设、数字化教学实践研究等活动，不断提升自身的数字化应用能力和创新能力。同时，高校也应为教师提供必要的培训和支持，帮助他们掌握最新的数字技术，以提升数字素养水平。

### 2.以实现教学创新为核心

以教育信息化促进教育现代化，推动信息技术与教学的深度融合，是我国"十四五"教育信息化的重要战略规划。在这一背景下，高校教师作为推动教学创新的主力军，其数字素养的提升显得尤为重要。他们不仅需要掌握数字技术的基本知识和技能，更要具备利用数字技术优化课堂管理、协调各类教学活动、创新教学方法的能力。

高校教师应积极探索利用技术促进教学方法创新。通过合作学习、项目学习、探究学习等方式，教师可以激发学生的学习兴趣和积极性，提升他们的高阶思维能力。这些教学方法不仅能够让学生在实践中学习和成长，还能够培养他们的团队协作能力和创新能力，为他们未来的职业发展打下坚实的基础。

### 3.以为学生赋能为出发点

坚持以学生为中心是高校教师数字素养框架构建所应秉承的核心理念。在数字化时代，高校教师的角色不再仅仅是知识的传递者，更是学生数字素养提升的引导者和促进者。因此，利用数字技术为学习者赋能，成为高校教师数字素养提升的重要目标。

为实现这一目标，高校教师在教学过程中应充分发挥数字技术的优势，创新课堂教学模式和教学方法。教师可以利用在线教学平台、数字化教学资源等，为学生创造更加个性化、多元化的学习环境，满足学生的多样化学习需求。同时，教师还应关注学生的高阶能力培养，通过设计富有挑战性的学习任务，引导学生进行深度学习，培养他们的创新能力和解决问题能力。

此外，提升学生的数字素养水平也是高校教师的重要任务。教师应帮助学生掌握数字技术的基本知识和技能，培养他们利用数字技术进行自主学习和终身学习的能力。通过引导学生参与数字化项目、开展数字化实践活动等，让学生在实践中提升数字素养，更好地适应数字化时代的需求。

## （二）高校教师数字素养框架的构建维度

在构建高校教师数字素养框架时，结合国内外数字素养框架的理念和原则，特别聚焦高校教师的特殊需求和角色定位，将框架分为专业素养域、教学素养域和促进学习者域三个维度，这一划分具有深刻的理论和实践意义。

专业素养体现了高校教师在数字时代所需具备的基本特质和能力，包括数字软件的使用能力，如熟练掌握各类教学和管理软件，以提高工作效率；利用数字技术与他人进行交流合作的能力，如通过在线平台进行团队协作、远程会议等，促进知识共享和经验交流；数据应用和分析能力，如运用数据分析工具对学生的学习数据进行挖掘和分析，以指导教学改进。这些能力的培养和提升有助于高校教师适应数字化环境，提高专业发展水平。

教学素养域作为高校教师数字素养框架的核心维度，凸显了数字教学能力的重要性。具体而言，数字资源的选用和创造能力要求教师能够根据学生的需求和教学目标，选择合适的数字资源，并具备对资源进行创造性整合和改造的能力；数字教学设计能力强调教师在教学设计阶段应充分考虑数字技术的应用，构建符合学生认知特点和学习规律的教学环境；数字教学组织能力要求教师在教学实施过程中，能够有效组织和管理数字教学活动，确保教学过程的顺利进行；数字教学评估能力则是对教学效果进行量化分析和评价的关键能力，有助于教师及时调整教学策略，提升教学质量。

数字学习能力的培养目的是帮助学生掌握数字化学习工具和方法，提高自主学习能力；数字交流与合作能力强调在数字环境中进行团队协作和沟通

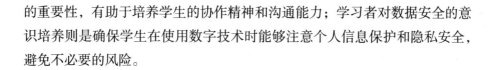

的重要性，有助于培养学生的协作精神和沟通能力；学习者对数据安全的意识培养则是确保学生在使用数字技术时能够注意个人信息保护和隐私安全，避免不必要的风险。

1.专业素养域

教师素养无疑是教育质量的重要基石，随着时代的进步和技术的革新，对教师素养的要求也在不断提升。在当前的数字环境下，教师的专业发展不再仅局限于传统的教学技能，而是需要融入更多的数字技术元素，使教学更具创新性和高效性。

数字技术的广泛应用已经深入教育的各个层面，它不仅改变了教学的方式，也丰富了教学的内涵。对于高校教师而言，掌握数字软件使用能力已成为必备的基本素质。无论是利用云课堂、超星等数字教学平台进行线上或混合式教学，还是利用各类教育APP进行辅助教学，都需要教师具备熟练的操作技能。这不仅能够提升教学的便捷性和趣味性，还能够更好地满足学生的个性化学习需求。

与此同时，教师还需要具备与他人交流与合作的能力。数字技术为教师之间的沟通和合作提供了更加便捷的平台，通过在线交流、共享资源等方式，教师可以更加高效地分享教学经验、探讨教学方法，进而促进教师团队的共同成长。此外，利用数字技术加强与学生和家长的沟通也是非常重要的，这有助于教师更好地了解学生的学习情况和需求，从而更有针对性地进行教学。

在数字时代，数据的应用能力也成为高校教师不可或缺的一项技能。数据可以帮助教师更加精准地把握学生的学习状态和学习需求，进而制定更加科学有效的教学策略。通过收集和分析学生的学习数据，教师可以发现教学中的问题，及时调整教学策略，提高教学效果。

此外，数据分析能力也是教师数字素养的重要组成部分。在数据驱动教学范式的时代背景下，教师需要具备对大量数据进行有效管理和分析的能力，以便更好地利用数据指导教学实践。通过深入分析和挖掘学生的学习数据，教师可以发现潜在的学习规律和问题，为改进教学方式和内容提供有力支持。

2.教学素养域

随着数字技术的迅猛发展，高校教师的教学发展面临着前所未有的挑战与机遇。数字时代的高校教师教学能力与传统教学能力相比，有着显著的区别和更高的要求。这不仅体现在教师对数字资源的运用和创造能力上，还体现在数字教学设计、教学组织以及教学评估等多个方面。

在海量的数字资源中，教师需要具备敏锐的洞察力和判断力，筛选出与教学目标和学生学习需求相匹配的优质资源。同时，教师还应具备数字资源的创造能力，能够结合教学实践，创造出具有针对性和实效性的数字教学资源，以丰富教学内容和提升教学效果。

教学设计是课程质量的基础，数字时代的教学设计要求教师能够充分利用数字技术，对教学内容、教学目标、教学过程和教学评价进行全面而深入地设计。这需要教师不仅具备扎实的学科知识和教学理论，还需要掌握数字技术的最新应用和发展趋势，以便更好地将数字技术与教学设计相融合，实现教学效果的最大化。

数字时代的教学组织形式呈现出多样化和复杂化的特点，教师需要具备灵活应对各种教学组织形式的能力，能够结合数字教学组织特征，创新教学内容的组织形式，提升教师语言的组织能力，以确保教学过程的顺利进行和教学效果的有效实现。

随着人工智能、大数据等现代信息技术的快速发展，教学评价的方式和手段也在不断创新和完善。教师需要掌握利用智能化手段监控学生学习状态的能力，能够结合多模态数据的采集和分析，对课堂师生语言、行为、情感等进行全面而客观地评价，以便更好地了解学生的学习情况和需求，及时调整教学策略和方法，提升教学效果和质量。

3.促进学习者域

构建高校教师数字素养框架时，高校必须始终坚持以学习者为中心的原则。在全球范围内，各国已经深刻认识到数字时代对人才培养需求带来的变革，纷纷加强对学习者数字素养能力的重视与培养。美国国际教育技术协会明确将"数字公民素养"列为学生教育技术标准的重要一环，日本、丹麦、英国等国更是将编程教育纳入学校课程体系，以提升学习者的数字素养水平。

数字学习能力是学习者适应数字时代的基石，涉及学习者在数字环境中的适应能力、对数字资源的有效利用以及数字化学习方式的掌握。作为数字学习环境的创设者、数字资源的提供者和数字学习方式的引导者，高校教师在提升学习者数字学习能力方面发挥着举足轻重的作用。

在数字化时代，学生不再仅满足于被动接受知识，而是成为主动探索、积极交流的学习者。因此，高校教师需要积极引导学生加强主动学习的意识，培养他们的交流与合作能力，以适应日益复杂多变的社会需求。

此外，数据安全意识也是构建高校教师数字素养框架时不可忽视的重要方面。随着数据驱动的精准教学模式的普及，学生学习数据成为教学的重要依据。但如何确保学生个人数据的安全成了一个亟待解决的问题。因此，增强学习者的数据安全意识，加强数据安全教育和培训，将成为高校教师数字素养框架构建的重要内容。

# 四、高校教师的数字化培训

在我国高校教师数字素养提升的驱动力量中，采用多样化的培训方式与方法是一项至关重要的任务。传统的单一培训方式往往难以满足教师的需求，而多样化的培训方式与方法则能够更好地满足教师的学习需求，从而提高他们的数字素养水平。

## （一）教师个性化培训

### 1.智能技术赋能个性化教师培训的机遇

教学实践环境在智能技术的助力下，为教师理论知识与实践知识的融合构筑了专业平台，实现了教学模式的创新与升级，使其更具个性化和高质量特点。将这一优势引入个性化教师培训领域，能够进一步促进教师培训的参与性、多元性、个性化和及时性评价的发展，进而提升培训的数字化、规范化和网络化水平。智能技术的持续进步为个性化教师培训开辟了新路径，不仅有效推动了教育技术与教师培训的深度融合，还能够设计并实施更为显著和直观的培训策略。这些策略不仅提高了教师培训的个性化和效率，还为未来教师培训模式的创新提供了全新的思考框架。

第一，提高参与热情，满足个性需求。教师个性化专业发展需求的满足需要智能技术的支持，智能技术赋能教师培训可通过分析每位教师的专业发展需求，为其提供个性化的学习资源和路径，从而有效地提高教师的参与热情。例如，学习内容的个性化。智能技术的应用可使学习内容的呈现方式多样化，将文本知识转化为视频、动画、模拟等形式，以更好地激发教师学习的兴趣。又如，学习路径的个性化。智能技术的应用可以根据教师的需求和兴趣为其提供不同的学习路径，如对于想提高教学设计能力的教师，可以为其提供关于教学设计的专题资源；对于想提高课堂管理能力的教师，可以为其提供关于课堂管理的专题资源。再如，学习时间的个性化。智能技术的应用可以使教师根据自己的时间安排进行学习，无须受培训时间、地点的限制。此外，智能技术的应用还可以在学习过程中为教师提供实时的反馈，从而帮助教师更好地了解自己的学习情况，并据此进行相应的调整。

第二，打破时空约束，拓展培训路径。互联网技术的迅猛发展使教师培训的时间和空间限制被打破，个性化教师培训的实现成为可能。首先，网络技术的发展和智能移动终端的普及使教师可以利用碎片化时间进行培训学习。对于工作在教育教学第一线的教师来说，时间和精力的分配是个大问题。除了日常的教学、班级管理、家长工作之外，还要抽出时间进行培训学习，常常会出现时间和精力不足的情况。而网络的发展和智能终端的普及，使教师可以利用碎片化的时间进行培训学习，如在等公交、排队、睡前等时间利用智能手机进行学习。其次，网络技术的发展和智能技术的应用使教师培训的路径更加丰富。传统的教师培训主要是集中培训和分散培训，集中培训是指集中在一起进行的面对面的培训，分散培训是指教师回到所在的学校或者教育机构进行的培训。而网络技术和智能技术的应用使教师培训的路径更加丰富，如网络直播培训、网络在线培训、微视频培训、在线研讨交流、在线一对一辅导等。这些培训路径的出现不仅丰富了教师培训的形式，而且使教师可以根据自己的实际情况选择培训的形式和内容，从而实现了个性化的教师培训。

### 2.智能技术赋能个性化教师培训的挑战

在教育领域日新月异的今天，智能技术为个性化教师培训带来了前所未有的机遇，同时也伴随着一系列亟待解决的挑战。下面将对以下四个核心问题进行深入探讨：培训内容的时效性、培训形式的多样性、培训效果的评估以及培训评价的完善性。这些问题在个性化教师培训中具有重要的现实意义。

第一，培训内容过时，跟不上时代节奏。在教师培训领域，培训机构的培训内容大多停留在传统的教育理念、教学知识和教学方法等方面，没有充分融入智能技术的新鲜"血液"，与时代对教师提出的新要求相比，还有很大差距。在人工智能、大数据、互联网等新技术广泛应用于教育领域的背景下，教师必须掌握一定的智能技术，才能更好地实现自身专业发展。教师培训应该以智能技术为手段，以时代和教师的需求为导向，以促进教师发展为目标，为教师"提供实时的、个性化的学习资源，营造良好的学习体验，从而帮助教师提升教育教学能力"。但就目前的教师培训情况来看，还没有充分做到这一点。以中国教研网为例，该平台的培训内容主要分为"综合资源""精品课程""学术观点""教师发展""评价评估""信息技术""区域资源"等七个部分。其中，"信息技术"部分主要包括"信息技术应用""网络资源的获取与管理""信息技术与课堂教学""信息技术与教育创新""信息技术与教学模式""信息技术与教师专业发展"等内容。这些内容虽然在一定程度上涉及了智能技术的应用，但还停留在比较宏观的层面，没有具体到某一种技术的操作和使用，对于智能技术的掌握和使用方面的培训内容更是少之又少。在这个信息化、智能化水平不断提高的社会，这样的教师培训内容显然已经无法满足教师的发展需求，更不利于教师的专业成长。再如，国家教育资源公共服务平台的教师培训内容也主要集中在"教师工作坊""网络教研""教师社区""视频中心""资源中心""培训中心"等方面，虽然在一定程度上涉及了智能技术的内容，但大多是一些比较宏观的介绍，缺乏具体的、有针对性的内容。在这个人人都有"麦克风"的时代，每位教师都有自主选择培训内容、方式的权利，都有发表自己独特见解的机会。因此，教师培训应该广泛征求参训教师的意见，了解他们的实际需求，提供个性化的培训内容和精准的培训服务，让教师真正参与到培训的过程中来，而不是把他们排斥在外。

第二，培训方式单一，忽视多样化需求。随着教育信息化的发展，教师培训方式逐渐从传统的线下集中培训向网络在线培训转变。网络培训具有学习时间、地点灵活，资源丰富的优势，但也存在互动不足的缺陷。目前，网络培训的设计者更多的是从技术的层面考虑问题，缺少对学习者的关注，忽视了教师的个性化需求。在培训内容和形式上，网络培训的内容往往是培训者将准备好的内容推送给教师，不管教师是否对内容感兴趣，也不管教师的学习情况如何，都需要教师按照要求完成培训。这种"一刀切"的培训方式，忽视了教师的个性化需求，也缺少对教师学习的支持。在培训时间上，网络培训的时长往往是固定的，一般为一周左右。对于一些教学任务较重的学科教师来说，集中的网络培训会影响其正常的教学进度，而对于一些教学任务较轻的学科教师来说，集中的网络培训则会让其有更多的时间去学习，从而提高自己的教学能力。在培训评价上，目前的教师网络培训往往是在课程学习结束后，通过测试的方式来评价教师的学习效果。这种终结性的评价方式只能考查教师对知识的掌握情况，而不能考查教师的实际教学能力。对于教师在教学过程中遇到的问题，以及教师的教学实践能力，目前的评价方式也很难进行准确的评价。

第三，培训效果不彰，未将理论运用实践。教师个性化专业发展理论认为，教师的专业发展并非线性的、单向的、不可重复的过程，而是动态的、复杂的、循环的过程。教师在复杂多变的实践情境中会面临各种具体问题，而这些问题的解决则需要教师在实践中不断地学习、反思、研究和解决。换言之，教师的专业发展需要经历"实践—反思—再实践—再反思"这样一个循环往复的过程。因此，教师培训要注重个性化，就应该在培训过程中充分考虑教师的个性化需求，并为教师的个性化学习提供支持。但在实际的教师培训过程中，往往过分强调共性，而忽略了教师的个性化需求。虽然有些培训项目的设计者也试图将培训内容设计得更加灵活，以满足不同教师的个性化需求。但在实际的培训过程中，由于种种原因，如培训时间的安排、培训内容的结构化等，导致培训者很少有时间和机会将自己的个性化需求告知培训组织者，更不用说得到满足。即使有的培训者试图通过与培训组织者沟通的方式来获得个性化培训，但由于培训组织者的培训设计往往已经成型，且要同时满足不同层次、不同类型参训者的需要，因此很少能够为参训者提供个性化的培训。此外，当前的教师培训往往过分强调理论的重要性，而忽略了实践的价值。虽然很多教师培训的内容设计者都是教育理论研究的专家，他们能够将最新的教育理论传授给教师，但是这些理论往往与教师的实际工作情境存在一定的差距，导致教师在培训过程中虽然能够了解到最新的教育理论，但是在实际的教学过程中却很难将这些理论运用到实践中。

第四，培训评价片面，重结果评价轻过程评价。一般而言，教师培训的评价包括过程评价和结果评价。过程评价是在培训过程中进行的评价，目的是在发现问题以便及时调整培训方向，提高培训的针对性和实效性。结果评价是在培训结束后进行的评价，目的是总结培训效果，为今后改进培训提供依据。在教师培训中，往往存在"重结果评价、轻过程评价"的现象。一些培训评价只关注参训教师学到了哪些知识、掌握了哪些技能，而忽略了对培训方案、培训组织、培训者的评价。这种片面的评价不利于及时改进培训的内容、方式，也不利于培训组织者和培训者的专业发展。在智能技术的介入下，高校不得不重新审视教师培训的评价体系。现行的评价体系往往过分侧重于培训结果的量化数据，而忽略了对培训过程的深度关注。这种结果导向的评价偏好或许源于智能技术对数据的高度依赖性。的确，培训结果的量化数据往往容易获取和分析，但在个性化教师培训中，过程评价的重要性不容忽视。它不仅聚焦于教师的实际教学过程，更关注其个人成长经历，从而为培训提供更为深入的反馈。但大数据的收集和分析可能带来新的挑战。大量的数据细节可能会让评价体系变得复杂且难以聚焦，使高校难以确定教师培训成功的关键因素。过多的细节和噪声可能会分散培训者的注意力，导致他们无法全面、准确地评估教师的培训效果。在这样的背景下，个性化教师培训可能会使评价体系变得片面和分散，从而难以为教师提供统一和明确的反馈。

3.智能技术赋能个性化教师培训的对策

第一，紧随时代潮流，构建个性化学习路径。在这个知识更新速度不断加快的时代，教师也需要与时俱进，不断更新自己的教育理念与专业知识，而教师培训则是教师专业发展的重要途径。但传统的教师培训往往是一种"一刀切"的模式，没有考虑教师的个性化需求，容易造成资源的浪费。当教师在培训过程中遇到困难时，智能技术可以通过实时监测教师的学习情况，及时发现教师的问题，并给出相应的建议和解决方案，从而帮助教师克服困难，提高学习效果。

第二，创新培训方式，模拟课堂教学生态环境。课堂教学是教师专业生活的主阵地，也是教师专业发展的最佳场所。课堂教学的质量决定了教师的教学能力和水平，也决定着教师的职业生涯。因此，为教师提供真实的课堂教学情境，让教师在培训中经历和感受真实的课堂教学情境，是教师培训的最佳方式。但在现有的教师培训中，课堂教学生态环境的模拟往往被忽视，即使有也仅仅是简单的模拟，难以真正起到提升教师课堂教学能力的作用。智能技术可以为课堂教学生态环境的模拟提供支持，如通过虚拟现实技术、人工智能技术等的融合，可以为教师提供模拟的课堂教学环境，包括学生模型、学生的学习行为、学习状态等，还可以为教师提供实时的反馈和建议，从而帮助教师改进课堂教学。

第三，提升培训效果，打造在线社区互动平台。需要注意的是，在线社区的建立和维护需要较高的成本，因此在实际的操作过程中，可以先从小范围的、具有相同需求的教师群体开始尝试，然后逐步扩大范围，形成不同层次、不同类型的教师在线学习和交流的社区。同时，还可以通过引入第三方的方式，利用社会化媒体已有的用户群体和技术平台，建立专门的教师培训社区，从而实现个性化教师培训的精准营销和有效传播。

第四，丰富评价形式，形成智能反馈评价体系。智能技术的应用可以丰富教师培训的评价形式，形成智能化的反馈评价体系，以评促改、以评促建，提高个性化教师培训的有效性。智能技术的应用可以实现对参训教师的精准评价。传统的教师培训评价往往是一种"模糊评价"，难以对参训教师的表现作出精准的评价。智能技术的应用可以通过数据采集与分析，对参训教师的表现作出精准的评价，包括教师的出勤情况、学习进度、学习态度、学习交互、学习效果等。智能技术的应用可以实现对培训项目的智能评价。智能技术的应用可以通过采集和分析培训项目的相关数据，对培训项目的设计、实施、管理等进行智能评价，包括培训目标的达成度、课程内容的适切性、教学方法的有效性、管理服务的满意度等。智能技术的应用可以实现对培训效果的持续评价。智能技术的应用可以通过数据的采集和分析，对教师培训的效果进行持续的评价，包括教师的知识掌握、技能提升、态度转变、行为变化等，从而及时反馈培训的效果，并做出相应的调整。智能技术的应用可以实现对评价结果的智能反馈。智能技术的应用可以通过对评价结果的大数据分析，形成可视化的分析报告，并将分析报告反馈给相关的主体，包括参训教师、培训组织者、培训机构、教育管理者等，从而使评价结果得到有效的应用。

## （二）体验式教师培训

### 1.体验式教师培训的内涵

体验式教师培训的概念有广、狭两种理解。广义的概念是指在教师培训过程中，以教师实践需求为中心，尊重教师的主体性，以体验为基础，目的是促进教师专业发展的一种培训范式。它强调教师在培训过程中的体验和实践。狭义的概念是指在教师培训过程中，以培训者创设的情境为中心，以参与互动为特征，以活动为载体，以情感体验为纽带，以促进教师专业发展为目标的一种培训方式。它强调的是一种培训方式。本书的体验式教师培训采用广义的概念。

体验式教师培训的核心在于"体验"。这里的"体验"是指人的实践活动，是主体和客体之间的双向交流和沟通，是一种图景思维活动。"体验"不是一般的"经验"，而是一种在"经验"基础上的深层次的抽象。"体验"的过程就是个体的感知过程，是用自己的全部情感和精神与外部世界交往的过程。它具有实践性、反思性、综合性和个体性等特征。

体验式教师培训的实质是一种实践性知识的学习。波兰尼认为，知识存在两种类型，一种是能够用语言符号等方式表达的显性知识，另一种是不能系统表述的、只可意会不可言传的缄默知识。体验式教师培训所指向的是缄默知识。缄默知识存在于个体内部，以身体化的方式存在的，通过经验、练习而获得。它是一种动态的、情境性的、非表征性的知识。体验式教师培训就是要使教师通过体验的方式获得缄默知识。

体验式教师培训的目的是促进教师的专业发展。教师专业发展包括专业知识、专业技能、专业情感和专业精神的发展。体验式教师培训就是要使教师通过体验的方式，丰富专业知识、增强专业技能、升华专业情感和提升专业精神。

体验式教师培训的过程是一种探究的过程。在这个过程中，教师通过体验、反思、感悟等方式，对教育教学问题进行探究，获得对问题的"真知"。它强调的是一种过程。

体验式教师培训的方式是实践—反思—感悟。在这个过程中，教师通过实践将培训中获得的理论知识转化为自身的实践能力；通过反思将体验内化为自己的情感、态度和价值观；通过感悟将培训过程中的缄默知识转化为自身的智慧。它强调的是一种方式。

体验式教师培训的结果是形成一种能力和树立一种信念。能力是个体顺利完成任务的直接有效的心理特征，是个体的知识、技能、态度等在特定情况下的综合表现。信念是人们在一定的认识基础上，对某种思想理论、学说和理想所抱的坚定不移的观念和真诚信服的态度。体验式教师培训就是要使教师通过培训形成教育教学能力和对教育教学坚定的信念。它强调的是一种结果。

### 2.体验式教师培训的特征

与传统的讲授式培训相比，体验式教师培训的一个关键区别在于其体验性。体验性也就成为体验式教师培训的核心特征。

体验式教师培训的体验性主要表现在以下三个方面。

第一，以"体验"为中心。体验式教师培训的过程，就是以"体验"为中心，围绕"体验"来设计和组织培训的各个环节。在培训的设计阶段，培训者要以解决问题和满足需求为中心，开发和设计出具体的、可操作的培训项目和方案。在培训的实施阶段，培训者要以"体验"为中心来组织和开展培训活动，让参训教师在"体验"中学习，在"体验"中改变。在培训的评价阶段，培训者要以"体验"为中心来收集和整理反馈信息，评价培训的质量和效果。

第二，强调"体验"的过程。体验式教师培训不是讲授式培训的延伸，而是参训教师的体验之旅。在体验式教师培训中，培训者的角色由传统的讲授者、演讲者、表演者，转变为参训教师学习的引领者、支持者和参与者。培训的内容由传统的以理论为主，转变为以体验活动为主。培训的过程由传统的以讲授、讲解为主，转变为以互动、讨论、体验、反思、实践为主。

第三，关注"体验"的质量。体验式教师培训的质量，取决于参训教师"体验"的质量。在体验式教师培训中，培训者要关注参训教师"体验"的深度、广度和频度。深度是指参训教师在"体验"的过程中，是否真正触动了心灵，是否达到了心领神会的效果。广度是指参训教师在"体验"的过程中，是否有广泛的参与，是否有广泛的互动。频度是指参训教师在"体验"的过程中，是否有多次的体验，是否有层层递进的体验。

### 3.体验式教师培训的实现

第一，体验式教师培训目标：从知识主导到全面发展的人。在传统的教师培训中，知识的传递和接受是单向的、被动的，人的情感、态度与价值观往往被忽略。体验式教师培训则不同，它的出现对传统的教师培训构成了一定的挑战，它要求把目光从注重知识的传授和积累转移到注重人的全面发展，从单纯强调教师的职业知识和技能的提高转变到追求人的全面发展。体验式教师培训的目标可以分为近期目标和远期目标。近期目标是帮助教师更新教育观念、丰富专业知识、提高教育教学能力；远期目标则是实现教师的自主发展，成为反思型、研究型教师，甚至是教育专家。无论是近期目标还是远期目标，体验式教师培训都强调教师的"自我"发展，即把教师的发展看作是教师的"自我"成长的过程，而不是一种外在的要求和压力。

体验式教师培训的目标是促进教师的自主发展。在传统的教师培训中，教师只是知识的容器，是接受知识的"海绵"，缺乏独立思考的能力，更没有创造性和批判性思维。长此以往，教师的发展就会受到限制，成为没有个性的"教书机器"。体验式教师培训则要求教师在培训过程中充分发挥主观能动性，积极参与培训活动，通过体验与反思，使自己成为具有独立思考能力、善于合作的"研究者"。

第二，体验式教师培训内容：从理性知识到实践问题。在传统的教师培训中，往往以理性知识的传递为主，即以培训者的"教"为主，忽视了教师的"学"。体验式教师培训则不同，它的内容更加倾向于实践性知识的传递，即以参训教师的"学"为主，让教师通过体验生成新的知识。因此，体验式教师培训的内容应该是实践性知识，即缄默知识，它是教师的教育教学经验的结晶，是教师实践性知识的重要来源。

第三，体验式教师培训方法：从讲授灌输到具身互动。体验式教师培训的倡导者认为，传统的教师培训是一种以讲授、讲解、"告诉""灌输"为主的活动，忽视了教师在培训中的自主性、能动性和创造性，忽视了教师在教育教学中的复杂情境，忽视了教师的实践需求和问题解决，因而很难真正促进教师的专业发展。体验式教师培训的倡导者强调，教师的专业发展不是简单的理论知识增加和行为的模仿，而是教师的实践需求与问题解决、实践知识的整理与反思、实践知识与理论的对话、新旧经验的冲突、融合和重新建构。这就需要改变传统的"讲授—接受"的培训模式，走向互动、建构、反思的培训模式。

第四，体验式教师培训过程：从去情境化到交往生成。体验式教师培训的过程与一般体验式学习的过程相似，也包括四个环节，即"具体体验""反思观察""抽象概括"和"行动应用"。这四个环节并不是简单的线性排列，而是一个螺旋式上升的循环过程。

第五，体验式教师培训场域：从封闭课堂到开放空间。体验式教师培训的空间是开放的、互动的、情境的，它不再是单向的、纯理论的、封闭的，而是强调在体验中、通过体验获得知识，以真实情景中的问题解决为导向，以学员的互动、合作为手段，以教师的引导、协助为关键。体验式教师培训的空间是一个立体的、多维的空间，它包括实体的物理空间和抽象的虚拟空间，它是线上与线下、传统与现代的结合，是理论与实践的中介，是学员与教师、学员与学员、学员与情境、学员与自我的互动空间。体验式教师培训的空间是以学员为中心的空间。在这个空间里，学员不是被动的、接受式的，而是主动的、探究的，不是孤立的、分割的，而是合作的、分享的，不是简单重复的、机械训练的，而是灵活的、智慧的。在这个空间里，学员的需要是起点，学员的发展是目的，学员的快乐是标准。体验式教师培训的空间是学员的，也是教师的，但首先是学员的。没有学员的参与、学员的体验、学员的反思、学员的行动，就没有体验式教师培训。因此，体验式教师培训要把学员的需要和发展作为出发点和落脚点，要把学员的感受和评价作为标准和依据。

第六，体验式教师培训评价：从结果评价到过程表现。传统的教师培训评价往往以培训活动结束后的学员成绩和反映为依据，忽视了教师在培训过程中的体验和表现。有研究者指出："传统的培训评估往往是一种结果评估，即只有在培训结束后才对受训人员的表现和行为变化进行评估。而对那些试图通过培训改变教学实践的教师来说，只有在教学实践中才能够真正看到自己的成长与进步。因此，对培训的评估应该是一个持续的过程，而不是在教学实践之外进行的独立的事件。"体验式教师培训的过程性评价强调在培训过程中对教师学习和改变的"观察"和"反思"。它不仅关注培训的结果，更关注教师在培训过程中的体验，以及体验带来的观念和行为的改变。它的目的在于为培训的设计和实施提供反馈，以便改进和优化培训过程。过程性的评价可以通过课堂观察、教师日记、同伴互评、自我评价等方式进行。

# 第四节　学生发展需求与支持体系的完善

## 一、教育数字化战略下学生的发展需求

### （一）高校学生发展需求分析

学生的发展需求作为他们为实现终身发展目标而客观产生的实际需求，受到外部环境和个性发展的双重影响。在当前阶段，不难发现高校学生的发展需求表现出一定程度的盲目性和被动性。盲目性主要源于学生对社会了解程度的有限和自我认知的不足，他们往往不清楚自己真正需要什么。而被动性则体现在大多数学生身上依然保留着传统文化内敛、含蓄的特点，他们缺

乏积极主动地提出需求、寻求帮助的意识和能力。

## （二）高校满足学生需求、服务学生发展的主要措施

### 1.加快信息化平台建设，优化学生事务工作流程

在信息化时代的浪潮下，高校作为培养社会栋梁的重要基地，必须紧跟时代的步伐，积极推动数字化校园建设。特别是在学生工作领域，建立跨系统、跨部门的学生工作信息化平台显得尤为重要。这样的平台能够集成各种信息技术和网络技术，收集、整理、分析与学生相关的数据信息，实现信息的立体、全面、多层次的交互共享，为学生事务决策判断提供有力的支持和参考。

首先，学生工作信息化平台的建设有助于提升数据收集的效率和准确性。以往，学生工作涉及的数据信息往往分散在各个部门和系统中，难以形成统一的管理和查询。而通过信息化平台，学校可以整合各种资源，实现数据的集中存储和高效处理。同时，利用大数据和人工智能技术，还可以对数据进行深入挖掘和分析，为学校的决策提供科学依据。

其次，学生工作信息化平台能够实现学生工作的流程化、规范化操作。传统的学生工作往往存在流程烦琐、操作不规范等问题，导致工作效率低下，且容易出现错误和遗漏。而信息化平台可以将学生工作的各个环节进行标准化和流程化设计，使各项操作更加规范、高效。在奖学金评比过程中，学生可以通过平台提交申请，辅导员进行评价，系统根据条件自动生成详细信息表，并进行院系评审和学校审批。整个过程实现了线上操作，大大提高了工作效率，也避免了人为因素的干扰。

当然，学生工作信息化平台的建设也面临着一些挑战和困难。数据安全问题、技术更新问题、用户培训问题等都需要引起足够的重视。因此，在推进数字化校园建设的过程中，高校需要充分考虑这些因素，制定科学合理的方案和措施，确保平台的稳定、安全、高效运行。

### 2.创新学生工作机制，强化直接服务学生效能

在全球化的大背景下，各国之间的教育交流与合作日益密切，欧美国家

学生事务条状运行机制的成功经验，为高校提供了宝贵的启示和借鉴。为了更好地服务广大学生，高校有必要借鉴这些经验，建立校级层面直接面向学生的专门化学生服务平台。这个平台的核心思想是将原本隶属于不同职能部门的业务受理点集成到统一范围内，形成一个距离近、服务多的"大学工"体系。通过这样的整合，高校能够有效减少中间环节，简化程序，提高效率，从而为学生提供更加便捷、高效的服务。

3.重视学生工作课程建设，深入服务学生发展需求

在现代教育体系中，学生需求的多样性和个性化发展成了重要的趋势。为了更好地满足学生的需求，学校应当依托辅导员队伍，根据学生特点进行相应的课程开发和建设。这样的举措不仅有助于提高学生的综合素质，还能促进辅导员的职业化发展，实现教育教学的双赢。

在课程开发和建设过程中，学校应打破学院界限，成立专业课程组，涵盖心理教育、学习指导、职业指导、沟通技能、社会实践等多个领域。所有辅导员可以根据自身的专业背景和特点，选择进入相应的课程组。这样一来，辅导员可以充分发挥自己的专业优势，为学生提供更具针对性和实用性的课程。

# 二、教育数字化战略下学习支持服务体系的完善

## （一）智慧学习环境下的学习支持服务

学习支持服务是学校针对远程教育师生分离这一特性，为学生提供的一系列关键性的支持和帮助服务。这一理念起源于英国开放大学的远程教育专家大卫·西沃特（David Sewart）的开创性思考。他提出，远程教育机构除了提供教学包外，更应对学生保持持续的关心，提供更为充分且符合学生个

人需求的学习支持服务。[①]随着远程教育的蓬勃发展，学习支持服务的理论内涵也日益丰富和深化。

艾伦·泰特（Alan Tait）进一步阐释了学习支持服务的内涵，他认为学习支持是在与学生个体互动过程中所进行的一系列服务活动，这些活动既包含学术性的，也包含非学术性的。学术性支持活动目的是使学生能够全身心地投入学习中，而非学术性支持活动则主要是协助新生选择修读的课程，为他们提供必要的指导和建议。[②]

在我国，丁兴富教授也对学习支持服务进行了深入的研究。他认为，学生学习支持服务是远程教学院校及其代表教师等为远程学生提供的，以师生或学生之间的人际面授和基于技术媒体的双向通信交流为主的，各种信息、资源、人员和设施的自助服务的总和。这些支持服务目的是帮助学生克服远程学习中的种种困难，提高学习效果。

随着现代信息技术的发展，特别是智慧教育环境的兴起，学习支持服务又面临着新的挑战和机遇。在智慧环境下，学习具备了全新的特征。普遍覆盖的网络以及流畅的网速使学习可以随时随地发生，不再受时间和地点的限制。同时，学习工具的多样化和微型化也使知识的获取变得异常快速和便捷。此外，学习资源的数字化和碎片化也使信息的推送变得更为智能和方便。这些环境的变化使学生的学习需求、学习习惯和方式都发生了巨大的变化。因此，有必要重新定义学生学习支持服务及其模式。

在智慧学习环境下，高校可以将学校对学生的学习支持服务划分为人力支持、技术支持、资源支持、教学支持和情感支持五个方面。

（1）人力支持。其包括教师、教学管理人员以及学习同伴等人员的支持和帮助。在智慧学习环境下，虽然技术在学习中的作用日益凸显，但人力支持的作用依然不可忽视。因为人才是智慧教育的实践者，人的支持服务在引导学生正确学习、有效掌握知识、完成教学目标任务方面发挥着不可替代的作用。

---

① 武丽志，丁新.学习支持服务：大卫·西沃特的理论与实践[J]. 中国远程教育，2008（1）：25-29.
② 王小梅，丁新.艾伦·泰特研究[J].中国电化教育，2004（11）：39-43.

（2）技术支持。其包括为学生提供各种技术和工具支持，如信息服务系统、教学平台及配套学习软件等。这些技术支持能够保障学生顺利开展学习，提高学习效率和质量。

（3）资源支持。学习资源是保证远程教学有效发展的关键，学校需要为学习者提供丰富多样的纸质和数字化学习材料。同时，各种网络课堂、数字图书馆等也是智慧学习环境下的重要学习来源。

（4）教学支持。其包括设计教学方案、组织开展教学活动、对学习过程进行指导和监控以及进行学习评价等。

（5）情感支持。远程教育学生通常利用业余时间进行网络学习，由于缺乏面对面的师生交互，他们往往容易感到孤独和无助。因此，提供情感支持对于帮助他们克服这些困难、促进学业顺利完成具有重要意义。

## （二）远程教育个性化学习支持服务模式的实施路径

远程教育自问世以来便以其独特的优势受到了广泛关注。但由于其师生分离、网络教学以及学生业余学习等特性，远程教育的教学质量一直备受争议。为改善这一现状，适应智慧学习环境下学生的学习需求，广东开放大学金融专业于2017年引进了一套先进的"移动端学习支持服务系统"。

该系统界面设计简洁明了，方便用户快速上手。用户既可以通过电脑浏览器进行访问和操作，也可以下载移动端App随时随地进行学习。在首页，课程学习的三大栏目被清晰地展示出来。上方是"提醒信息"和"通知信息"栏目，方便学生及时了解课程更新、作业提交等重要信息。左边是"用户信息"和"功能菜单"栏目，学生可以在这里查看自己的个人信息、管理课程进度以及使用各种学习工具。中间则是"内容呈现区域"，展示了课程的核心内容和学习资源。

智慧学习环境下远程教育的个性化学习支持服务模式（图8-1）以学生为中心，以教师团队为主体，以制度建设为保障，通过人力、技术、资源、教学和情感等多方面的支持，为学生提供个性化的学习服务。具体而言，教师团队包括课程教学团队、技术支持团队和教学管理团队，他们共同协作，为学生提供个性化的学习指导和服务。

在个性化学习支持服务模式中，教师团队利用大数据和学习分析技术，对学生的学习情况进行深入分析，为每名学生制订个性化的学习计划。同时，他们通过"导学、助学、促学、评学"等全过程支持服务，引导学生通过社群组建学习共同体，加强互帮互助，进行自主学习。这种支持服务模式不仅能够帮助学生解决学习中的困难，还能够激发学生的学习兴趣和动力，提高他们的学习效果。

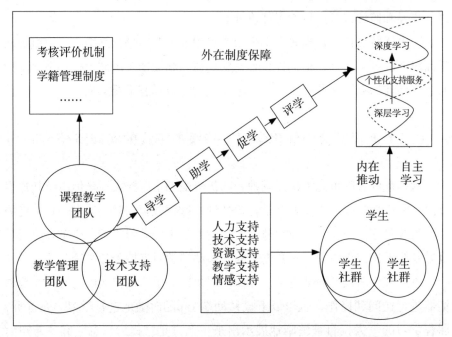

图8-1　智慧学习环境下远程教育的个性化学习支持服务模式①

① 唐文.开放大学学习支持服务及其价值实现途径[J].成人教育，2020（5）：27-36.

## （三）高校远程教育学习支持服务体系的完善与构建

### 1.重视建立质量标准，保障体系有效运行

建立质量标准是做好学习支持服务工作的前提，这一原则在高校远程教育领域同样适用。在远程教育这一特殊的教育形式中，质量保证尤为关键，它直接关系到远程教育服务的成功与否。高校远程教育的成功与否很大程度上取决于高校是否能够满足学习者的学习需求，是否能够达到培养目标，以及是否能够满足社会和市场的发展需求。而这些目标的实现都离不开一套科学、合理的质量标准体系。

服务标准的制定和实施不仅涉及内容标准、质量标准和时间标准等多个方面，还需要考虑远程教育的特殊性。首先，远程教育质量标准应符合一般高等教育质量标准的基本要求，但由于远程教育与传统面授教育存在诸多差异，因此在制定质量标准时，必须充分考虑远程教育的特点，确保标准能够真实反映远程教育服务的实际情况。具体来说，远程教育质量标准应强调学习者的自主学习能力和实践能力，关注学习资源的丰富性和时效性，同时注重学习过程的监控和评估。其次，质量标准还应体现远程教育服务的个性化和差异化，以满足不同学习者的多样化需求。

在制定远程教育服务质量标准时，高校还应遵循一些基本原则。首先，标准应符合远程教育特点，既要体现一般高等教育质量标准的基本要求，又要针对远程教育的特殊性进行适当调整。其次，标准应具有中国特色，紧密结合我国高等教育大众化的趋势和社会经济发展的需求，以提升学习者的职业素质和就业、创业能力为目标。同时，符合质量标准体系的内在特点也是制定远程教育服务质量标准的重要原则，包括准确、清晰地规定每项服务的特性，对每项服务规定有相应的验收标准，所规定的验收标准应能够评价服务特性的基本特征，验收标准可采用相应的方法作重复的评价和记录，以及服务规范实施前应经确认并须定期进行确认等。

在建立高校远程教育学习支持服务的质量标准体系时，高校还需要注重其可行性和可操作性。这要求高校在制定标准时充分考虑实际情况和资源条件，确保标准能够在实际工作中得到有效执行。同时，高校还应关注标准的动态性和灵活性，随着远程教育的发展和变化，及时调整和完善标

准体系。

2.完善管理体制，健全服务体系

完善的管理体制和健全的服务体系，对于做好学习支持服务工作来说，无疑是一项至关重要的组织保证。在当前的教育背景下，绝大多数试点高校均高度重视学生的学习支持服务工作，这些工作主要由远教机构和当地的学习中心共同承担。从总体来看，这些努力能够基本满足支持服务工作的要求，但在实际操作过程中，仍然存在一些亟待解决的问题，如远教机构内部业务部门之间的协调、远教机构与学习中心之间的协作等。

为了确保支持服务体系能够正常运转，远教机构应认真处理、协调好内部及外部的关系。具体而言，远教机构应当建立专门的学习支持服务机构，如学习服务中心，来统一负责学习支持服务工作。从实际调查情况来看，部分试点高校的远教机构已经设立了专门的支持服务机构，并取得了显著的效果。但遗憾的是，仍有大部分试点高校尚未建立这样的机构，这无疑对支持服务工作的推进造成了一定的阻碍。

明确学习支持服务机构的职责是完善服务体系的关键一步。远教机构应对学习支持服务中心进行重新定位，明确其职责范围。对内，学习支持服务中心应与学院各部门紧密配合，共同做好支持服务工作；对外，则负责指导与协调校外学习中心的服务工作。为了确保服务工作的顺利进行，学习支持服务中心应配备专门的人员，负责协调远教机构和校外学习中心之间的关系，回答学习中心和学生提出的问题，并为学习中心或学生联络当地的教学机构和其他组织，组织各项与学习有关的活动。同时，校外学习中心也应设立相应的学习支持服务机构，实行专人负责制。这些机构在接受远教机构学习支持服务中心的指导和管理下，应将工作重点放在面向学生上，确保学生能够得到及时、有效地支持服务。

在完善服务体系的过程中，实行扁平化服务也是一项重要的举措。远教机构应明确与校外学习中心的职责分工，进一步加大对学习支持服务中心的技术支持和政策倾斜力度。通过强化学习支持服务中心直接服务学生的职能，最大限度地对学生实行扁平化服务。凡是学习支持服务中心能够胜任的服务工作，都应尽可能地安排其去完成。这样不仅能减少中间环节的干扰，及时答复、收集学生需要回答的问题和相关信息，还能进一步提高工作效率和服务质量。此外，学习支持服务体系的建设还需要注重业务机构的完整性、服务体系的健全性。只有在上下一心、互相协调、共同配合的基础上，才能为高校远程教育提供高质量的服务和帮助，有效发挥其各种服务功能。为此，远教机构和学习中心应不断加强沟通与协作，共同推动学习支持服务工作的不断发展和完善。

### 3.完善规章制度，规范管理过程

在远程教育领域，行之有章、规范管理无疑是确保学习支持服务工作高效运转的关键因素之一。在远程教育支持服务体系日益健全的背景下，规范管理的重要性愈发凸显。它不仅能确保远教机构与所属学习中心、机构内部各个业务部门以及全体员工在服从于整体目标的前提下，严格履行岗位职责，与他人或其他部门协调工作，高效完成任务，还能为提升服务质量、为学生提供优质的学习支持服务奠定坚实基础。

远程教育作为一项复杂的系统工程，技术要求高、涉及面广，因此其规章或规范也相对复杂、烦琐。这些规范涵盖了招生、教学、教务、学籍、毕业环节的管理等多个方面，以及教学资源的制作规范、技术支撑教学管理平台的建设与运营、信息发布人员的职责与培训等内容。为了确保高校远程教育的教学质量，许多学院已经建立了学校、学院和校外学习中心三级责任机构，通过制定完善的教学管理制度和评估检查制度，对教学质量进行有效监控和保障。以笔者所在的学院为例，高校从管理规范化、制度化入手，制定了一系列完善的教学管理制度和评估检查制度。这些制度包括教学任务书制度、教学督导制度、教学检查制度、教学评估制度、形成性考核制度以及巡考制度等。同时，高校在校外学习中心管理上力求严格、规范，通过签订责任书明确学院和学习中心双方在各方面的职责，实行工作会议制度，每年召开一次学习中心工作会议，交流情况、解决问题、布置工作等。这些举措不仅提升了学院的教学质量，也为学生提供了更加优质的学习支持服务。

但仅依靠规章制度和规范的管理过程还不足以完全保障教学质量。在远程教育领域，对学生学习的评价、监督与反馈同样至关重要。目前，大多数试点高校远教机构在为学生提供学习资源、网络技术支持以及教学辅导等方面已经做得相当不错。但是，在对学生改善学习进行评价、监控和反馈方面，力度还显得不够。因此，在制度的建设上，高校需要进一步考虑对学生的评价问题，并在支持服务体系的设计中，通过技术和非技术手段处理好终结性考核和形成性考核的关系。具体而言，高校既要重视抓好平时作业布置、检查、评改和教学环节落实等形成性考核的管理，建立相关制度，细化实施流程；又要利用网络平台进行形成性考核的操作，如网上交作业、评改与反馈等，使学生在学习的过程中得到及时、有效的帮助。此外，利用新技术建立有效的督学机制和反馈机制也是提升学习支持服务质量的有效手段。通过开发网上学习自动跟标系统等技术手段，高校可以自动统计学生上网、提问、讨论等各项活动，并根据学生的发言和讨论等记录将学生的学习情况进行分层。这样教师就能根据这些记录为学习遇到困难的学生提供及时的督促和帮助，远教机构也能根据网上数据掌握有关学生的信息，为提升教学质量和服务水平提供有力支持。

4.加强设施建设，优化教育资源

在现代教育体系中，馆际互借是一种非常重要的资源共享方式。对于高校远程教育而言，实现馆际互借不仅可以减少资源的重复建设，更能满足学生对各类资料的需求，提升教育资源的利用率。通过馆际互借，各高校可以共享彼此的图书、期刊、电子资源等，从而丰富学生的学习内容，拓宽他们的知识视野。此外，在网络和多媒体环境下，纸质印刷教材的设计和制作也显得尤为重要。尽管现代远程教育已经发展出了众多新型的教学资源，但纸质教材仍然是学生学习的主要参考材料。但目前市场上针对远程教育学习特点的专门印刷教材还相对较少，大部分教材都是基于全日制或成人自考类教育设计的。因此，试点高校应尽早组织专人研究并编写适合远程教育学生自主学习的印刷教材。在编写过程中，应注重实现以学生为主体的思想和远程教育特点的结合，教学内容应兼具通俗性与学术性，同时注重学习目标与学习重点、难点的分析。此外，还应将纸介教材内容、形式与网络和多媒体教材内容、形式相结合，实现知识点掌握与相应内容搜索的便捷性，以及学习内容与作业练习自测的紧密结合。

　　加强高校远程教育软件资源建设也是提升教育质量的关键。从软件角度来看，实现教学模式和管理模式的改革是学习支持服务系统建立的关键。高校远程教育应充分利用各种现代技术手段，实现由传统的以教师为中心、单向传递信息为主的讲授式教学向以学生为中心、师生之间相互传递、接收信息的交互式教学转变。在实践中，可以采用"少而精"的集中面授、多媒体课堂教学、研究式的小组讨论、网上的信息指导和个别化的问题解答等多种多样的教学组织形式，以平衡远程虚拟教学和近距现实交往，为学生提供全方位的学习支持服务。同时，加强网络校园文化建设也是提升远程教育质量的重要途径。一个积极健康的网络校园文化可以为学生提供一个良好的社会交往氛围、融入集体的环境以及交流和分享学习经验的平台。这将有助于提高学生的集体荣誉感、社会责任感以及学习效果和认识水平，促进学生内在素养的全面发展。

　　此外，学习支持服务系统还应为学生提供实践机会和条件等方面的支持。可以做好毕业设计、毕业作业的指导工作，建立各类型实验室，为学生提供充足的实验场所和实习基地。针对远程学生回校本部难、学习中心组织实践教学有困难的情况，可以利用计算机多媒体技术和网络虚拟功能，设计、开发多种多样的远程实验和虚拟仿真实验系统。这种远程实验和虚拟仿真实验系统可以使学习者在网上开展远程实验和虚拟实验，从而掌握技能、训练思维、深化理解、发挥创造潜能。

　　在技术手段方面，高校远程教育也需要不断改进和优化。随着网络技术的进一步发展，交互式学习将成为自主学习的主要形式。因此，应将网络技术作为远程教育学习支持服务系统的技术核心，以增强网络学习的交互性为主要技术发展方向。可以开发网络授课、虚拟实验、网络课程制作、学习支持工具等，以提升学生的学习体验和学习效果。

　　教师资源的优化也是提升高校远程教育质量的关键因素。教师的素质和教学水平直接影响到学生的学习效果和教学质量。因此，必须注重提高教师的专业素养和现代教育技术应用能力，同时鼓励他们更新教育观念，摆脱传统教育观念的误区和盲区，用现代教育观念来指导支持服务。

5.加强对支持服务体系本身的监督与反馈

保障学习支持服务的质量对于高校远程教育的发展至关重要。在学习支持服务体系的构建与完善过程中，高校必须高度重视对体系本身的检查和监督，尤其是对其运行情况进行及时、有效的监督和反馈，以便及时发现问题、查漏补缺，对体系进行必要的调整和修正。

# 第九章　教育数字化战略下高等教育管理的未来展望

在教育数字化战略的大背景下，高等教育管理正迎来前所未有的发展机遇与挑战。展望未来，高等教育管理将展现出新的面貌和趋势，即高等教育管理的智能化水平将进一步提升、个性化教育服务逐渐兴起与发展、协作化趋势将更加明显等。因此，高校需要紧紧抓住这一机遇，积极推进高等教育管理的数字化转型和升级，为推动我国高等教育事业的发展贡献力量。

# 第一节　高等教育管理未来趋势预测

　　未来，高等教育管理将朝着数字化、个性化、多元化、国际化和质量保障等方向发展。高校需要积极适应这些趋势，加强改革创新，不断提升教育质量和国际竞争力，为社会培养更多优秀的人才。

## 一、数字化转型

　　在信息化、数字化浪潮的推动下，数字化转型正逐步成为高等教育管理的重要方向。大数据、云计算、人工智能等前沿技术的快速发展和应用为高等教育管理带来了前所未有的机遇和挑战。通过数字化转型，高等教育管理将实现更加精准、高效、智能的运作模式，从而推动高等教育质量的全面提升。

　　当然，数字化转型并不是一蹴而就的过程，需要高校管理者和技术人员共同努力。一方面，高校需要加强对数字化转型的宣传和培训，提高全体师生的数字化素养和意识；另一方面，高校还需要投入足够的资金和人力资源，加强信息化基础设施建设和信息安全管理，为数字化转型提供坚实的保障。

　　未来，随着技术的不断进步和应用场景的不断拓展，数字化转型将在高等教育管理中发挥更加重要的作用。

## 二、个性化和多元化

在当今知识爆炸的时代，高等教育管理正经历着一场深刻的变革。其中，个性化和多元化已成为高等教育管理的重要趋势。学生对于教育的需求越来越多样化，不再满足于传统、单一的教育模式。因此，高等教育管理必须积极回应这一变革，更加注重学生的个性化和多元化需求，为他们提供更加灵活和多样化的教育选择。

首先，高等教育管理在课程设置上应更加注重个性化和多元化。传统的课程设置往往过于单一，无法满足不同学生的兴趣和需求。因此，高校应根据学生的需求、兴趣和职业发展规划，制定更加多样化、具有针对性的课程体系。课程设置也应与时俱进，紧跟社会发展和科技进步的步伐，引入新的学科领域和前沿知识，以满足学生不断增长的知识需求。

其次，高等教育管理应提供多样化的学习方式。在传统的教学模式下，学生往往只能被动接受知识，缺乏主动学习和探索的机会。为了改变这一状况，高校应引入在线课程、混合式教学、翻转课堂等现代化的教学手段和方法，为学生提供更加灵活多样的学习路径。同时，高校还应鼓励学生自主学习、合作学习，培养他们的创新能力和批判性思维。

此外，高等教育管理在考核方式上应更加灵活多样。传统的考核方式往往过于注重考试成绩，忽视了对学生综合素质和能力的评价。因此，高校应建立更加全面、科学的考核体系，将学生的课堂表现、实践能力、创新成果等多方面因素纳入考核范围。考核方式也应多样化，如采用论文、报告、项目、实验等多种形式，以更加全面地评价学生的综合素质和能力。

高等教育管理将更加注重个性化和多元化。这不仅是学生多样化需求的必然回应，也是高等教育自身发展和完善的必然要求。高校应积极推进管理改革，为学生提供更加灵活、多样化的教育选择，培养更多具有创新精神和实践能力的高素质人才。同时，高校也应加强与社会的联系和合作，了解社会需求和行业发展趋势，为人才培养提供更加精准、有效的指导。此外，个性化和多元化的高等教育管理还有助于培养学生的批判性思维和解决问题的能力。在多样化的学习环境和课程体系中，学生将有机会接触到不同领域的知识和思想，培养跨学科思维。这将使他们在面对复杂问题时，能够从多个角度进行分析和思考，提出创新的解决方案。

# 三、质量保障和持续改进

当下，高等教育管理正面临前所未有的挑战与机遇。其中，质量保障和持续改进是教育领域最为核心且紧迫的议题。随着社会对高等教育质量的关注度逐年攀升，高校作为培养人才的摇篮需要更加注重质量保障与持续改进，以满足社会的期望和需求。

首先，高校应建立完善的质量保障体系，包括课程设置、师资培养、教材选用、教学设施等多个方面。高校应制定详细的质量保障政策，明确各个环节的标准和要求，确保教学工作的顺利进行。高校还应加强质量监控机制，定期对教学质量进行评估和反馈，及时发现和解决教学中存在的问题。

其次，高校应建立科学的教学评估体系，通过学生评价、同行评议、专家评审等多种方式，对教学质量进行客观、公正的评估。高校还应加强质量监控，对教学过程进行实时跟踪和记录，确保教学质量稳步提升。

此外，高校应紧跟时代步伐，积极引进和尝试新的教学方法和手段，如在线课程、混合式教学、虚拟现实等，以提高教学效果和学生的学习体验。

最后，高校应加强师资队伍建设，提升教师的专业素养和教学能力。教师是教学工作的核心力量，其素质和能力直接影响到教学质量。高校应加强对教师的培训和培养，提高教师的教育教学水平和创新能力，为教学质量的提升提供有力保障。

# 第二节　智能化管理系统的普及与应用

## 一、高校智能化人力资源管理信息系统的设计与应用

高校智能化人力资源管理系统凭借深度融合人工智能、大数据以及云计算等前沿技术，为高校打造出一套高效且优质的人力资源管理解决方案。

### （一）基于智能化技术的人力资源管理系统设计

高校智能化人力资源管理系统设计的关键环节涵盖了系统功能设计、数据库设计以及用户界面设计等多个方面。

（1）系统功能设计。在构建系统时，高校需要充分考虑自身的实际需求，确保系统能够全面覆盖人力资源管理的各个方面。具体来说，系统应具备人才招聘与筛选、员工培训与绩效管理、员工档案与薪资管理、员工福利与离职管理等核心功能模块。这些模块将相互协作共同构建出一个完整的人力资源管理闭环。以人才招聘与筛选模块为例，该模块应具备简历筛选、面试安排、候选人评估等功能，以提高招聘效率和准确性；应支持在线沟通、面试评分等功能；还应提供数据分析功能，帮助高校分析招聘数据，优化招聘策略。

（2）数据库设计。数据库设计需要充分考虑数据的存储、检索和处理需求，确保系统能够高效、稳定地运行。具体来说，数据库应具备可靠性、高效性和安全性等特点。在可靠性方面，数据库应确保数据的完整性和准确性，避免数据丢失或损坏。在高效性方面，数据库应优化数据结构设计，提

高查询速度和数据处理能力。在安全性方面，数据库应采取加密措施，保护用户隐私和数据安全。同时，数据库还应支持多种数据类型和格式，以便存储各种类型的人员信息、统计数据和决策报表等。

（3）用户界面设计。用户界面作为系统与用户之间的桥梁，其设计的好坏直接影响到用户的使用体验和满意度。在用户界面设计方面，高校应注重简洁、直观的设计风格，使用户能够轻松上手并快速掌握系统操作。同时，界面设计还应考虑不同用户的操作习惯和需求，提供个性化的设置选项和便捷的操作方式。此外，界面设计还应具备良好的可用性和易用性，减少用户学习成本和操作难度。通过提供清晰的导航菜单、简洁的表单填写、友好的提示信息等方式，提升用户的使用体验。

## （二）智能化的人力资源管理系统实施

高校智能化人力资源管理系统的实施是一项复杂而精细的工作，主要分为系统开发与测试、数据收集与整理以及用户培训与上线三个阶段。这三个阶段相互关联，构成了一个完整的实施过程，确保系统能够顺利地投入使用，并为高校提供高效、智能的人力资源管理服务。

在系统开发与测试阶段，开发团队首先需要对高校的人力资源管理需求进行深入地分析和理解。通过深入了解高校的业务流程、组织结构以及人员特点，团队能够设计出符合高校实际需求的智能化人力资源管理系统。在开发过程中，团队需要注重系统的稳定性和可靠性，通过编写高质量的代码和进行严格的测试，确保系统能够正常运行并满足高校的需求。团队还需要关注系统的易用性和用户体验，通过优化界面设计和交互方式，提高系统的操作便捷性和用户满意度。

在数据收集与整理阶段，高校需要全面梳理现有的人力资源数据，包括员工信息、薪资数据、绩效评估结果等。这些数据是系统正常运行的基础，因此必须确保其准确性和完整性。此外，高校还应根据系统的需求，设计数据收集表单和调查问卷，主动收集更多与人力资源管理相关的数据。这些数据主要用于系统的进一步分析和优化，为高校提供更加精准和全面的人力资源管理服务。

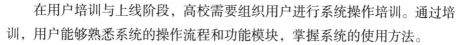

在用户培训与上线阶段，高校需要组织用户进行系统操作培训。通过培训，用户能够熟悉系统的操作流程和功能模块，掌握系统的使用方法。

在实施过程中，高校需要注重与开发团队的沟通和协作。通过定期召开会议、分享进展和反馈问题，高校和开发团队能够共同推动系统的顺利实施和优化。同时，高校还应根据系统的运行情况和用户反馈，提出改进意见和建议，促进系统的不断完善和发展。

# 二、高校智能化学生工作管理系统的设计与应用

## （一）智能化学生管理工作体系的构建

随着现代信息技术以及大数据应用技术的不断发展，为高等院校构建全面、立体的智能化学生工作管理体系奠定了坚实的物质和技术基础。具体而言，这一智能化的学生管理工作体系主要由以下管理系统共同构成。

### 1.教学和学生信息管理系统

学生的教学和基本信息管理是学校日常运作中不可或缺的一环，对于维护学校秩序、提高教学质量以及促进学生全面发展具有至关重要的意义。在信息化时代，借助先进的教学和学生信息管理系统，有效地提升管理效率，为学校的长远发展奠定坚实基础。

（1）学生基本信息管理系统。在这个系统中，系统管理员扮演着至关重要的角色。他们负责更新数据库，包括对学生信息的修改、删除和添加等操作。同时，系统也为学生提供了便捷地查询和修改个人信息的途径。这种设计目的是实现学生信息的自动化、规范化和系统化，从而为学生提供更加精准、高效的服务。

（2）成绩管理。在这一部分中，教师应结合学生的课程考试成绩进行成绩录入和管理，而管理员则对学生的成绩进行全面管理。成绩管理的具体功能包括录入成绩、修改成绩信息、删除成绩和查看成绩信息等。这种管理方

式有助于确保成绩的准确性和公正性，为学生的学业发展提供有力保障。

2.学生宿舍管理智能化管理系统。

智能化学生宿舍管理系统的应用，为宿舍管理带来了革命性的变革。基于智能化管理的学生宿舍管理系统具备诸多强大功能。

（1）对于新生入住和毕业生迁出实现自动化的流程处理管理人员只需在系统中录入新生的基本信息，系统便可自动为其分配宿舍，并生成相应的入住记录。同样地，当毕业生准备离校时，系统也能够自动记录迁出信息，方便后续统计和查询。

（2）具备对学生资料的编辑和存档功能。管理人员能随时根据学生的实际情况对资料进行修改和更新，确保信息的准确性和时效性。同时，系统还能将学生的个人信息、住宿记录等数据进行长期保存，为今后的查询和统计提供便利。

（3）支持对学生信息的全面查询。无论是管理人员还是其他相关部门，只需在系统中输入学生的姓名或学号等关键信息，便可快速查询到该学生的住宿情况、费用记录等详细信息。这种便捷的查询方式大大提高了工作效率，也方便了学校对学生信息的全面掌握。

此外，对于学校财务人员而言，智能化学生宿舍管理系统同样具有重要意义。系统能够自动记录学生在住宿期间产生的各项费用，如住宿费、水电费等，并进行分类统计。财务人员只需在系统中进行简单的操作，便可轻松管理、记录和查询各项费用数据。同时，系统还具备查看收支明细的功能，使财务管理更加透明和高效。

3.智能考勤系统

学生的考勤管理不仅是确保学生按时参与学习活动的关键，也是维护教学秩序、提高教学效果的重要保障。但传统的考勤管理方式往往烦琐且单调，给学校管理者带来了诸多不便。幸运的是，随着现代信息技术和大数据技术的飞速发展，高校应借助这些先进技术建立起智能考勤系统，实现学生考勤工作的智能化管理，为学校管理者提供更为便捷、高效的管理手段。智能考勤系统以其强大的功能，为学校的考勤管理工作带来了革命性的改变。

（1）具备实时出勤查询功能。在智能考勤系统的支持下，学校管理者无须进行烦琐的考勤设置，即可实时查询学生的出勤记录和缺勤情况。这一功能极大地提高了查询效率，使管理者能够迅速了解学生的出勤状况，以便及时采取措施解决存在的问题。

（2）具备基本出勤处理功能。系统能根据预先设定的参数，对各种出勤数据进行智能化处理，自动判断学生的迟到、早退、旷课等情况。同时，系统还支持按特定条件进行查询，如输入分钟数查询迟到时间大于此数的所有学生。这种灵活、精准的查询方式使学校管理者能够更全面地掌握学生的出勤情况，为教学管理和决策提供有力支持。

（3）具有考核自动扣分功能。该系统能够按照学校规定的考核标准，自动统计某时段内学生出勤应扣的操行分数。这一功能不仅提高了考核的准确性和公正性，也大大减轻了学校管理者的工作负担。通过智能考勤系统的自动扣分功能，学校能更加便捷地进行平时考核和期末考核，确保考核结果的真实性和有效性。

## （二）智能化学生管理工作体系的实施建议

### 1.建立准确完善的学生信息数据库

目前，大部分高校在实现不同管理系统之间的信息共享与数据交换时，依然采用传统的系统间数据交换方式。这种方式虽然在一定程度上实现了不同管理系统之间的互联互通，使各个系统能够相互协作，共同为高校学生管理提供服务。但由于不同系统之间的数据结构、格式、标准等存在较大的差异，导致数据交换过程中常常出现数据不匹配、数据丢失等问题，这不仅影响了学生管理的工作效率，也给管理者带来了诸多不便。

更重要的是，由于不同系统之间的数据差异，使管理者在获取学生信息时，需要耗费大量的时间和精力进行数据整合和核对。这不仅降低了学生管理工作的效率，也增加了管理成本。此外，由于数据的不准确和不完整，还会导致管理者在做出决策时出现偏差，进而影响学生管理工作的质量和效果。

因此，为了推动高校学生管理工作的智能化发展，提高管理效率和质量，高校应该加强信息化建设，建设一个数据唯一、能共享的学生基础信息数据库。这个数据库应该具备高度的安全性和稳定性，能够确保学生信息的安全和隐私。同时，数据库应该具备强大的数据整合和处理能力，能够将各个管理系统中的数据进行统一整合和处理，消除数据差异和重复。

通过建设这样的学生基础信息数据库，能为管理者提供实时、准确的学生数据，帮助他们更好地掌握学生的基本情况和学习状态，从而制定更加精准和有效的管理策略。此外，数据库还能为学生提供更加便捷的服务，如在线查询成绩、选课、申请奖学金等，提高学生的满意度和归属感。

2.依靠物联网技术实现学生信息的智能化采集

在当今信息化时代，高校学生管理日益注重智能化、精细化。其中，实时、准确采集学生信息是实现高校学生智能化管理的物质基础。为此，高校应充分利用现代物联网技术，以实现学生信息的自动采集和高效管理。

以学生的考勤信息采集为例，高校能采用基于RFID技术的无障碍通道来实现自动记录。具体而言，高校能在教学楼或教室门口安装RFID读写器，并将无障碍通道与考勤系统相连接。当学生携带贴有RFID标签的卡片（如校园卡）通过通道时，RFID读写器会自动读取卡片信息，并将相应的时间记录到考勤系统中。通过这种方式，学生的迟到、早退、旷课等考勤情况便可轻松统计出来，无须人工干预，大大提高了管理效率。[①]

值得一提的是，基于RFID技术的考勤系统还具有许多优点。首先，它能够实现对学生信息的实时更新和动态管理，避免了传统手工记录会产生的误差和遗漏。其次，该系统能支持多种形式的考勤管理，如按班级、按课程、按时间段等，满足不同管理需求。此外，RFID技术还具有高度的安全性和可靠性，能够有效防止信息泄露和误操作。

除了考勤信息采集外，高校还应利用物联网技术实现其他方面的智能化管理。通过安装智能传感器和监控设备，能实时监测校园内的环境状况和安

---

① 王晓玲，刘嘉滨.高等教学管理中智能化管理技术应用[J].实验室研究与探索，2014（2）：247-
249+278.

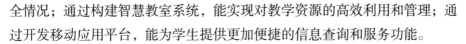

全情况；通过构建智慧教室系统，能实现对教学资源的高效利用和管理；通过开发移动应用平台，能为学生提供更加便捷的信息查询和服务功能。

当然，实现高校学生智能化管理需要综合考虑多种因素，包括技术成本、设备维护、人员培训等。高校应根据自身实际情况和需求，制定合理的实施方案和管理策略。同时，还需要加强对学生信息的保护和隐私权的尊重，确保信息的安全性和合规性。

3.通过对数据的智能分析实现其应用价值

学生管理信息的智能化运用，不仅能够减轻管理人员的工作量，更能够通过数据信息的加工，使数据进一步增值，为管理人员提供实质性的帮助。

对于学生宿舍管理系统而言，其数据信息的采集和积累具有极高的实用价值。通过这一系统，学校能实时监控学生的出入情况，自动生成经常晚归或夜不归宿的学生名单。这些名单的生成不仅为管理人员提供了便捷的查询方式，更能够让他们对这些特殊群体的学生有更深入的了解和认识。

基于这些名单，管理人员能进一步追踪这些学生的日常生活和学习情况。他们能深入了解这些学生的作息习惯、学习态度、人际关系等方面的情况，以便及时发现问题并进行处理。这种针对性的管理方式不仅能提高管理效率，更能够增强管理的针对性和实效性。

当然，减轻工作量并不是学生管理实现智能化的唯一目的，甚至不是主要目的。学生管理信息的智能化运用，其核心价值在于通过数据信息加工使数据进一步增值。通过对数据的深入分析和挖掘，管理人员能发现学生管理中的一些规律和问题，从而为制定更加科学、合理的管理策略提供依据。

通过对学生宿舍管理系统数据的分析，管理人员能发现某些宿舍楼或楼层的学生晚归现象较为严重，这会与该区域的地理位置、周边环境等因素有关。基于这些发现，学校能针对性地加强该区域的安保措施，提高学生的安全保障水平。

此外，通过对学生管理信息的智能化运用，管理人员还能更加精准地了解学生的学习情况和需求，为他们提供更加个性化的指导和帮助。对于学习成绩不佳的学生，管理人员能通过数据分析找出他们存在的问题和困难，为他们提供针对性的学习辅导和心理疏导，帮助他们走出困境，提高学习成绩。

# 三、高校智能化网络中心管理系统的设计与应用

## （一）高校网络中心机房智能化管理系统分析

### 1.组织结构

智能化管理系统作为现代机房管理的核心工具，拥有多种角色来协同工作，确保机房运行的高效与有序。这些角色包括管理员、采购员、咨询员、教师以及维修员。

管理员在系统中拥有最高的权限，他们负责管理模块，添加、编辑和删除用户信息，设置权限等。同时，他们还需负责监督系统的运行情况，确保系统的稳定运行。此外，管理员角色由教师申请担任，这样既能充分利用教师的专业知识，也能提升教师的责任感和参与度。

采购员则主要负责设备的采购工作。他们具有采购设备、填写采购单、登记设备采购日期等权限和职责。采购员需要了解各种设备的性能、价格以及市场动态，以便为机房选购到性价比高、质量可靠的设备。

咨询员在系统中则扮演着解答疑问和提供服务的角色。他们具有查询设备问题记录、维修记录、安排机房使用等权限。咨询员需要具备良好的沟通能力和服务意识，以便为使用者提供及时、准确的信息和帮助。

教师通过系统在线发送报修短信，及时反映设备问题，同时也能查询计算机、机房安排等信息，方便教学和管理。教师的参与不仅能提升系统的使用效率，还能促进教学管理的信息化和智能化。

维修员则负责设备的维护和修理工作，包括等级设备问题、维修设备、登记报废设备等。维修员需要具备专业的技能和经验，以便快速准确地解决设备故障，保障机房的正常运行。

### 2.系统概念

管理系统是针对机房管理模式开发设计的综合性工具，它涵盖了日常上机管理、收费、挂失管理等多个方面。通过智能化系统，管理人员能实时了解学生的上机情况、电脑使用情况等信息，从而进行针对性地管理和优化。

智能化管理系统采用先进的数据库技术，能方便地进行数据的备份和清理等操作，确保数据的安全性和可靠性。同时，系统还提供了丰富的报表功能，方便管理人员对机房的运行情况进行统计和分析，为决策提供有力的支持。

不同角色在系统中的操作权限不同，这保证了系统的安全性和稳定性。同时，不同角色也能使用不同的管理软件，这些软件根据角色的需求和特点进行设计，使操作更加便捷和高效。

在使用管理软件时，用户需要通过口令验证才能进入系统，这有效防止了非法访问和恶意攻击。同时，系统还具备完善的日志记录功能，记录用户的操作行为和系统的运行情况，为故障排查和安全管理提供了有力支持。

智能化管理系统的应用使高校网络中心机房的管理更加有序和高效。通过系统化管理，机房的资源得到了充分利用，学生的上机体验也得到了显著提升。

### 3.系统现状

虽然智能化管理系统在机房管理中发挥着越来越重要的作用，但当前很多高校在系统建设方面仍存在一些问题。

（1）智能化设施存在缺失或设备老化问题。一些高校并没有安装智能控制器或视频监控器等设备，导致无法进行24小时监测。即使安装了相关设备，但很多设备已经超出使用寿命或在运行过程中出现磨损、故障等问题，无法进行有效的监测。

（2）机房环境控制系统不完善。虽然很多机房都安装了空调系统，但缺少新风机、温湿度检测、漏水检测等设施，导致对湿度的控制不够严格。这种情况下，机房内往往容易出现湿度过高或过低的问题，对设备的稳定运行和使用寿命都造成了一定的影响。

因此，为了提升机房管理的效率和安全性，高校需要加强对智能化管理系统的建设和完善。通过引入先进的智能控制技术和设备、加强环境控制系统的建设以及完善远程监控和操作功能等措施，进一步提升机房管理的智能化水平，为高校的教学和科研工作提供更加稳定、高效的机房环境。

## （二）高校网络中心机房智能化管理系统的设计

网络中心机房设备系统是现代信息技术领域中不可或缺的重要组成部分，它主要由供配电、环境、消防和保安四个核心系统共同构建而成。这些系统相互协作，确保机房设备的稳定运行，为各类信息数据的处理、存储和传输提供坚实的技术支撑。

供配电系统作为机房设备系统的基础，负责为整个机房提供稳定、可靠的电力供应，包含一级配电、UPS（不间断电源）等多个组成部分，它们共同确保在电力供应出现问题时，机房设备能够继续正常运行。一级配电负责将电力从外部电网引入机房，并进行初步的分配和转换；而UPS则能够在电力中断时，为机房设备提供短时间的电力供应，保障关键业务的连续性。

环境系统负责为机房设备提供适宜的运行环境，包括新风、温湿度监测等部分，通过精确控制机房内的空气质量和温湿度，确保设备在最佳状态下运行。新风系统能够引入新鲜空气，排出机房内的废气和热量；温湿度检测系统则能够实时监测机房内的温度和湿度，并根据需要进行自动调节，以保持机房环境的稳定性。

消防系统主要包括温感监测、烟感监测、消防预警等系统，通过实时监测机房内的火灾隐患，确保在火灾发生时能够及时发现并采取相应的应对措施。这些系统能够自动检测机房内的温度和烟雾浓度，一旦发现异常情况，就会立即触发报警机制，通知相关人员进行处理。

保安系统负责机房的安全防范工作，主要包括门禁、电视监控等系统，通过严格控制机房的出入和实时监控机房内的安全状况，确保机房设备的安全运行。门禁系统能够对进入机房的人员进行身份验证和记录，防止未经授权的人员进入机房；电视监控系统则能够实时监控机房内的各个角落，确保机房内的安全状况一目了然。

为了实现对这些系统的智能化管理，高校管理者需要构建一套完善的智能化管理系统。这一系统需要应用自动监控技术，实时获取各个系统的运行数据、监控画面，做到实时追踪和监测。通过智能化管理系统，管理者能对机房设备的运行状态进行全方位的监控和管理，及时发现并解决潜在的问题。

在故障问题发生时，智能化管理系统应该具备自动报警的能力。一旦检测到异常情况，系统应自动将故障画面弹出，并发出语音报警，通知相关人员进行处理。同时，系统还应具备对各个设备、系统的运行进行监视的能力，确保机房设备的稳定运行。

此外，智能化管理系统还应具备数据存储和查询功能。通过存储各项历史数据，管理者能对机房设备的运行状况进行回溯和分析，为今后的设备维护和管理提供有力的数据支持。同时，还能对数据进行查询、打印等操作，方便相关人员对机房设备的运行情况进行了解和掌握。

# 第三节　个性化教育服务的兴起与发展

## 一、新时代高校开展个性化教育的重要价值

### （一）弥补班级授课制对学生个性发展的影响

随着高等教育逐步迈向普及化阶段，师生人数比例的问题愈发凸显，这使班级授课制已然成为当代高校培养本科人才的主要方式。在这一背景下，高校有必要深入剖析班级授课制的利弊，并探讨如何借助个性化教育来弥补其不足，推动高等教育内涵式发展。

高校大班授课是指将同一年级相同或不同专业的学生，按照人才培养方案的必修课程成立班级。教师根据学生管理中心对课程时间的安排，采用传统课堂讲授的方式对本科学生进行培养。这种组织形式在很大程度上解决了大批学生按时接受高等教育的问题，为高等教育的普及化奠定了坚实基础。

但随着现代大学的不断发展，学生个性化发展的需求日益增长。传统的班级授课制往往难以兼顾每名学生的个体差异，导致学生在接受教育的过程

中难以充分发挥自己的潜能。此外，社会对高等教育的发展要求也在不断提高，对人才培养的质量、创新能力和综合素质提出了更高的要求。因此，班级授课制已无法完全满足学生个人以及社会对高等教育的发展要求，高等教育质量整体下降的问题也随之显现。

针对这一问题，高校开展个性化教育显得尤为重要。个性化教育目的是充分尊重学生的个性差异，关注学生的个体需求，以培养学生的创新精神、实践能力和综合素质为目标。通过开展个性化教育，弥补班级授课制对学生个性发展的疏忽与不足，推动高校大学生独立人格、自由个性的发展。

在班级授课制的大环境下，高校开展个性化教育必须厘清大班教学与个性化教学相辅相成的平衡关系。一方面，要充分发挥班级授课制度的教育优势，如组织纪律性强、教学资源共享等；另一方面，要结合学生的个体需求以及职业规划，有计划地开展个性化教学。通过设置选修课程、开展实践教学、举办学术竞赛等形式，为学生提供多样化的学习机会和发展空间。同时，高校还应加强对学生个性化发展的引导和支持。通过建立健全的导师制度、提供心理咨询和职业规划等服务，帮助学生认识自己的兴趣、优势和不足，制订个性化的学习计划和职业发展规划。此外，高校还应加强与社会的联系，积极与企业、行业合作，为学生提供实习、实训等实践机会，增强学生的实践能力和就业竞争力。

高等教育内涵式发展的基本要求是高校在追求规模扩大的同时，保证人才培养质量。因此，高校应坚持以质量为核心的发展理念，不断优化教育资源配置，提升教育教学水平，加强师资队伍建设，为个性化教育的开展提供有力保障。

目前，各高校纷纷以专题研讨会、学术沙龙、主题俱乐部等形式开展本科教育个性化教学。这些活动不仅为学生提供了展示自我、交流学习的平台，还促进了学生之间的合作与竞争，激发了学生的创新精神和实践能力。通过这些个性化教学活动的开展，高校能进一步推动大学生独立人格、自由个性的发展，提高我国高等教育教学质量，从而促进高等教育内涵式发展。

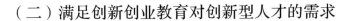

## （二）满足创新创业教育对创新型人才的需求

在当前社会背景下，高校毕业生就业形势日趋严峻，许多大学生面临着就业难的问题。在这一背景下，大学生创业作为一种新兴的发展模式，正逐渐受到越来越多的关注和重视。它不仅能够缓解毕业生就业压力，还能够推动社会经济的创新与发展。而在高校教育中，开展个性化教育对于有效满足高校创新创业教育的实施与发展具有重要意义。

首先，个性化教育为大学生创新精神的培养提供了坚实的基础。高校大学生潜能的挖掘和个性的发展是大学生创新思维培养的前提和基础。传统的教育方式往往过于注重知识的灌输和应试能力的培养，而忽视了学生的个性和兴趣。但个性化教育通过提供丰富多样的教学活动，鼓励学生积极参与，使他们在实践中发掘自身的潜能和兴趣所在。这些活动包括科技创新竞赛、社会实践项目等，通过亲身参与和实际操作，学生能够更深入地了解自己的潜力和兴趣，从而激发他们的创新思维和创新精神。

其次，创新创业教育是高校重视大学生个性化发展的主要表现。从心理学的角度来看，高校创新创业教育是大学生个体社会化过程中主观意识不断加强的心理体现。大学生在创新创业的过程中，不仅需要掌握相关知识和技能，还需要具备独立思考、团队协作、解决问题的能力。而个性化教育正是针对这些能力的培养而设计的，它关注每名学生的特点和需求，提供个性化的教学方案和指导，帮助他们充分发展自己的潜能和优势。

## （三）实现市场对高层次应用型人才的高要求

随着国内高校科技化发展进程的迅猛推进，高校作为培养未来社会栋梁的重要基地，其教育理念和教学方法也在不断地与时俱进。在这一过程中，高校对于毕业生的职业素养要求愈发严格、具体和高标准。这不仅体现在学术水平方面，更在于对毕业生独立思考、创新实践以及团队协作能力的全面考查。

高等教育的转型发展正是为了适应这一趋势，目的是培养符合社会发展需要的高水平创新拔尖人才。其中，高层次应用型人才的培养显得尤为重要。这类人才不仅需要具备扎实的专业知识，还需要拥有独立思考、勇于探索的精神以及良好的团队合作精神。

个性化教育的实施不仅有助于提升人才培养质量，培养创新型人才，更有助于满足市场对高层次应用型人才的高要求。随着科技的不断发展，社会对人才的需求也在不断升级。高校作为人才培养的重要基地，必须紧跟时代步伐，不断创新教育理念和方法，以满足社会的需求。

## 二、新时代高校开展个性化教育的实践路径

### （一）基础：学生应提高参与度，发掘优势潜能

个性化教育强调尊重每名学生的独特性，关注他们的兴趣、特长和发展需求，从而塑造出具有独特人格、充满个性与活力的大学生。在当前的高等教育体系中，个性化教育已成为高校教育改革的重要方向，目的是在培养具有创新精神和实践能力的人才，以适应日益复杂多变的社会需求。

为了推动个性化教育的发展，提高大学生在个性化教育活动中的参与度，发掘大学生的优势潜能，培养创新型人才，高校应从以下两个方面入手。

首先，高校应坚持以学生为中心的教育理念。在个性化教育实施过程中，高校应深入了解学生的个性特点和发展需求，以此为基础设计教学内容、选择教学模式和实施教学方法。同时，高校还应加强学生对于教育教学评价的参与度，让学生参与到课程设计、教学评价等环节中，从而更好地满足学生的个性化发展需求。

其次，高校在个性化教育实践教学过程中，应重视学生的主体地位。学生作为教育教学活动的主体，其参与度和积极性直接影响到教学效果。因此，高校应鼓励学生积极参与实践教学活动，提供更多的实践机会和平台，让学生在实践中锻炼能力、发掘潜能。同时，高校还应通过座谈会等形式，广泛听取学生对于个性化教育开展的意见和建议，尊重学生的主体地位，实

现"师生共建"的良好氛围。

## （二）关键：教师应立足立德树人，树立开放式教育理念

在教育教学活动中，高校教师作为核心的角色，承载着推动个性化教育发展的重要使命。他们不仅是知识的传授者，更是学生个性发展的引导者。为了充分发挥个性化教育引导者的角色，高校教师需要从多个方面进行改革，以推动个性化教育的深入发展。

首先，高校教师应克服职业倦怠，立足立德树人根本任务，扎根于教书育人。教师作为人才培养的重要力量，承担着为社会培养合格人才的历史重任。但在实际工作中，一些教师会因为工作压力、职业发展等因素而陷入职业倦怠的困境。因此，高校教师应时刻保持对教育事业的热爱与激情，树立角色认同与角色自信，才能逐渐克服职业倦怠，积极投身个性化教育教学改革活动中去。

其次，高校应引导教师树立开放式教育理念，开展个性化教育座谈会。个性化教育强调尊重学生的个体差异，注重培养学生的创新精神和实践能力。因此，高校教师需要不断更新教育观念，树立开放式的教育理念，以适应个性化教育的发展需求。通过举办个性化教育座谈会等形式，教师能相互交流、分享经验，共同探讨个性化教育的理念、方法和策略，从而提高自身的教学水平和能力。

此外，高校应改革教师职称评定制度，以激发教师参与个性化教育改革的积极性。一方面，高校应该将考核标准向教学方面倾斜，以管理促发展，将教师的工作重心重新转移到教学上来。通过制定合理的考核标准和奖励机制，激励教师更加关注教学质量和个性化教育的实施效果。另一方面，高校应重视教师的职业发展，为高校教师专业发展提供物质保障。通过提供培训、进修等机会，帮助教师不断提升自身的专业素养和教育教学能力，为参与个性化教育改革提供有力支持。

在改革过程中，高校还应注重营造积极向上的校园文化氛围。通过举办各类学术活动、文化沙龙等，激发教师的创新精神和实践能力，促进教师之间的交流与合作。同时，高校还应关注学生的个性化需求，提供多样化的教

育资源和课程选择，以满足学生不同的学习需求和兴趣爱好。

# 三、人工智能时代在高校个性化教育中的创新应用

## （一）人工智能在高校个性化教育中的应用

当前，人工智能技术在高校个性化教育与培养方面已得到了广泛而深入地应用与推广，其主要体现在以下几个方面。

### 1.智能诊断与评估系统

智能诊断与评估系统作为人工智能在高校个性化教育中的关键应用途径，具备显著的作用与价值。该系统通过深度剖析学生的学习行为及学习成果数据，能够精准识别学生的独特学习风格、知识掌握情况以及学习行为模式，进而为教师提供基于数据科学的教学指导与有力支持。此举有助于实现教育资源的优化配置，提升教育质量，促进学生的全面发展。

### 2.智能教学系统与资源推荐

### （1）教学内容个性化定制

在传统的教学模式中，教学内容往往依赖教师的教学经验和学科要求，虽然这种模式在一定程度上能够满足大部分学生的学习需求，但其局限性也日益凸显。随着科技的飞速发展，智能教学系统正逐渐走进课堂，为教育带来了革命性的变革。这种新兴的教学方式能够根据学生的个体差异，提供定制化的教学内容，从而极大地提高了教学效果。

智能教学系统通过收集学生的学习数据，包括学习风格、知识掌握程度和学习需求等信息，能够对学生进行精准地分析。在了解学生的学习风格后，系统能够根据学生的特点，为其推荐最适合的学习资源。对于视觉型学生，系统能推荐大量的图像和视频资料，以便他们通过视觉途径更好地理解和掌握知识；而对于动手型学生，系统则能提供实验指导手册和手工制作材

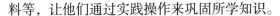

料等，让他们通过实践操作来巩固所学知识。

（2）学习路径推荐

学习路径这一看似简单的概念实则蕴藏着丰富的学习智慧。它是指学生在学习过程中，根据自己的学习需求、学习风格以及学习目标，精心挑选并安排的学习内容和学习方法的顺序。合理的学习路径不仅能帮助学生更有条理地掌握知识，更能提高学习效率，减少学习过程中的迷茫和挫败感。

在智能教学系统日益普及的今天，学习路径的制定已经不再是学生的个人行为，而是通过先进的数据分析技术得到科学指导。智能教学系统能够全方位地收集并分析学生的学习历史数据、学习目标、学习进度等信息，进而为学生推荐最适合的学习路径。这种推荐并不是简单的"一刀切"，而是基于每名学生独特的学习风格和特点进行个性化定制。系统通过分析学生的学习行为，识别出学生的学习风格是视觉型、听觉型还是动手型，进而为其设计不同的学习路径。对于视觉型学生，系统会推荐更多包含图表、图片和动画的学习资源；而对于动手型学生，则会更倾向于提供实验、操作等实践性强的学习内容。

此外，智能教学系统还能根据学生的学习进度和目标，为其推荐选修课程，或者针对某些难点知识点进行强化训练。这样学生不仅能更系统地掌握知识，还能在遇到困难时得到及时的帮助和指导。

通过智能教学系统的个性化学习路径推荐，学生能更加科学地安排自己的学习时间和任务，避免无效学习和重复劳动。同时，这种学习路径的推荐还能帮助学生培养自主学习的能力，激发其学习兴趣和动力，从而实现更高效、更全面的学习。

（3）在线学习资源推荐

在线学习资源作为互联网时代的产物，以其便捷性、多样性和实时性受到了广大学生的青睐。智能教学系统通过收集并分析学生的学习需求和学科特点，为用户提供个性化的在线学习资源推荐。这些资源涵盖了各类学术期刊、学术论文、在线课程等多种形式，目的是满足不同学生的多样化学习需求。对于需要深入研究某个学术领域的学生，系统能推荐相关的学术文献和论文，帮助他们深入了解领域前沿和研究成果；对于希望提升基础技能的学生，系统则能推荐优质的在线课程和教学视频，帮助他们系统掌握学科知识和技能。

除了个性化的资源推荐，智能教学系统还具备教学内容个性化定制和学习路径推荐的功能。系统根据学生的学习进度和能力水平，为他们量身定制个性化的学习计划和学习内容。这不仅能帮助学生更好地规划自己的学习路径，还能提高学习效率和学习效果。

通过智能教学系统的应用，教师也能更加便捷地管理和指导学生的学习。教师能利用系统提供的数据分析工具，了解学生的学习情况和进步程度，从而为他们提供更加精准的教学服务和支持。同时，教师还能通过系统与学生进行在线互动和交流，及时解决学生在学习过程中遇到的问题和困惑。

3.智能评价与反馈系统

智能评价与反馈系统作为人工智能在高校个性化教育领域的一项关键应用手段，通过对学生学习进程及成果的深入分析与精准处理，能够为学生提供个性化的学习评价与专业反馈，使学生能够清晰地掌握自身的学习状态，并为教师提供教学效果的客观评价及改进建议，从而助力教育教学的持续优化与提升。

（1）学习成果量化与可视化

在传统的学习成果评价体系中，考试和作业等定量评价方式占据了主导地位。但这种评价方式往往受限于主观性和片面性，无法全面、准确地反映学生的学习状况。为了克服这些局限性，智能评价与反馈系统应运而生，为学习成果评价注入了新的活力。

在智能评价与反馈系统中，学习成果量化与可视化是一个重要的环节。系统通过对学生数据进行处理和分析，生成详细的学习报告和图表。这些报告和图表以直观、形象的方式展示了学生的学习进度、薄弱点以及改进方向。系统能绘制学生的学习曲线图，展示学生在不同时间段的成绩变化；还能生成知识点掌握情况表，清晰地显示出学生在各个知识点上的掌握程度。这种个性化的学习成果量化与可视化使学生能够更全面地了解自己的学习情况。通过查看学习报告和图表，学生能清晰地看到自己的优势和不足，进而有针对性地进行调整和改进。同时，系统提供的个性化学习建议和反馈，也能帮助学生更好地规划自己的学习路径，提高学习效率和成果。

此外，智能评价与反馈系统还具有实时性、互动性和动态性等特点。系统能够实时监控学生的学习进度和状态，及时提供反馈和指导。同时，学生也能通过系统与老师进行互动交流，解决学习中遇到的问题和困惑。这种实时互动的方式有助于激发学生的学习兴趣和积极性，提高学习效果。

（2）学习过程监控与调整建议

智能评价与反馈系统的工作原理是基于大数据和人工智能技术。它们通过收集学生在各个学习环节的数据，包括学习时间分配情况、学习内容选择偏好、学习方式偏好等，进行深入的分析和挖掘。这些数据能揭示出学生的学习特点和问题，为教师提供有针对性的教学建议。

系统通过分析学生的学习时间分配情况，发现某些学生会过于偏爱某些科目或章节，而忽略了对其他知识点的深入学习。在这种情况下，系统能提醒学生调整学习重点，确保知识的全面性和均衡性。同时，系统还能根据学生的学习内容选择偏好，为他们推荐更适合的学习资源和材料，帮助他们更好地理解和掌握知识。

此外，智能评价与反馈系统还能根据学生的学习方式偏好，为他们提供个性化的学习建议。有些学生会更喜欢通过阅读来学习，而另一些学生则更喜欢通过观看视频或参加小组讨论来学习。系统能根据这些偏好为学生定制更符合他们学习风格的学习计划，从而提高学习效率和质量。

除了提供个性化的学习过程监控与调整建议外，智能评价与反馈系统还能实时跟踪学生的学习进度和效果。系统能定期生成学生的学习报告，向教师和学生展示学生的学习情况、进步情况以及存在的问题。这有助于教师及时了解学生的学习状况，以便进行针对性的指导和帮助。

## （二）人工智能在高校个性化教育中的应对策略与展望

1.加强技术研发与创新，提升人工智能在高校个性化教育中的应用水平

在当今这个信息化、智能化的时代，人工智能技术在各行各业中发挥着越来越重要的作用。作为高等教育的殿堂，高校也迫切需要引入人工智能技

术，以推动教育教学的创新与发展。为此，政府应加大对人工智能技术研发和创新的支持力度，并从多个方面推动高校与人工智能技术的深度融合。

（1）加大对人工智能技术研发和创新的支持力度，包括增加相关经费和资源，为高校开展人工智能研究项目提供充足的资金保障。具体而言，政府应设立专项资金，用于资助高校在人工智能领域的创新性研究。同时，政府还应提供科研设备和实验室支持，为高校创造更好的研究条件。此外，政府还应鼓励高校与企业、科研机构等合作，共同开展人工智能技术的研发和应用，推动产学研深度融合。

（2）建立专门的研发平台和技术联盟，为高校提供技术支持和资源共享。这不仅能促进高校之间在人工智能技术领域的交流与合作，还能实现资源的优化配置和共享。通过搭建研发平台，政府能汇聚各方力量，共同攻克人工智能技术的难题。同时，技术联盟的建立也能促进高校与企业之间的合作，推动人工智能技术的产业化发展。

2.深化教育教学改革，培养适应未来社会发展的人才

在当今社会，随着科技的飞速发展和社会的不断进步，教育体系也面临着前所未有的挑战和机遇。为了适应未来社会的需求，学校必须加强更新课程体系和教学内容，引入新的教学方法和技术，以及进一步加强师资队伍建设。这些举措将有助于培养具备创新能力、跨学科思维、信息技术应用能力和团队合作精神的未来人才，为社会的进步和发展注入新的活力。

（1）加强更新课程体系和教学内容。让学生在学习过程中能够接触到最新的科技知识和应用。此外，学校还应加强对学生实践能力的培养，通过实验教学、项目实践等方式，让学生将理论知识与实际操作相结合，从而提高解决问题的能力。

（2）引入新的教学方法和技术。随着信息技术的不断发展，学校能充分利用在线学习、虚拟实验等新颖的教学方法和技术，为学生提供更加灵活多样的学习方式和资源。

（3）加强师资队伍建设。教师是教育教学改革的重要推动者和实施者，他们的专业素养和教学水平直接关系到教育教学改革的质量和效果。

通过深化教育教学改革，学校将能够培养出更多具备创新能力、跨学科

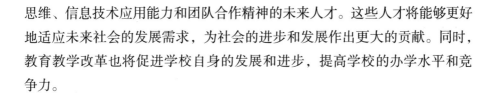

思维、信息技术应用能力和团队合作精神的未来人才。这些人才将能够更好地适应未来社会的发展需求，为社会的进步和发展作出更大的贡献。同时，教育教学改革也将促进学校自身的发展和进步，提高学校的办学水平和竞争力。

# 第四节　跨界融合与高等教育管理创新

## 一、跨界融合对高等教育管理创新的影响

跨界融合作为一种创新理念，在当今社会中越来越受到重视。在高等教育领域，跨界融合不仅能促进学科之间的交流和合作，还能推动高等教育管理创新。

跨界融合对高等教育管理创新的影响主要体现在以下几个方面。

### （一）促进高等教育资源的共享和优化配置

跨界融合强调不同学科之间的交流和合作，这有助于高等教育资源的共享和优化配置。高等教育机构能与其他机构、高校、政府等合作，共同开展科研项目、人才培养、技术开发等活动，从而实现资源共享和优化配置。这种共享和优化配置能提高高等教育机构的效率和竞争力，促进高等教育的发展。

### （二）推动高等教育管理模式的改革和创新

传统的高等教育管理模式往往注重学科和专业划分，缺乏跨学科、跨领

域的合作和交流。而跨界融合强调的是不同学科之间的交流和合作，这有助于推动高等教育管理模式的改革和创新。高等教育机构能采用跨界融合的管理模式，如项目制管理、合作式教学、联合培养等，从而提高管理效率和质量。

### （三）促进高等教育教学内容和教学方法的改革

跨界融合强调的是不同学科之间的交流和合作，这有助于推动高等教育教学内容和教学方法的改革。高等教育机构能采用跨界融合的教学模式，如项目制教学、合作式学习、案例教学等，从而提高教学质量和效果。

### （四）促进高等教育研究的创新

跨界融合强调的是不同学科之间的交流和合作，这有助于推动高等教育研究的创新。高等教育机构能与其他机构、高校、政府等合作，共同开展科研项目、人才培养、技术开发等活动，从而促进高等教育研究的创新。

跨界融合对高等教育管理创新的影响是多方面的，不仅能促进高等教育资源的共享和优化配置，还能推动高等教育管理模式的改革和创新，促进高等教育教学内容和教学方法的改革，促进高等教育研究的创新。

## 二、跨界融合对高等教育管理创新的启示

跨界融合作为一种新兴的思维方式和管理模式，在高等教育管理领域得到了广泛的关注和应用。跨界融合，顾名思义是指不同领域、不同行业、不同文化之间的融合与交流。在高等教育管理中，跨界融合的实践具有重要的启示作用，能有效地推动高等教育管理创新。

## （一）为高等教育管理创新提供了全新的思维方式

传统的高等教育管理往往局限于教育内部，关注点主要集中在教学、科研、学生管理等方面。而跨界融合强调的是教育与其他领域、行业的交叉与融合，使高等教育管理能打破传统的思维定式，拓宽视野，形成更加多元、开放的管理模式。这种思维方式的转变为高等教育管理创新提供了重要的理论支撑。

## （二）为高等教育管理创新提供了丰富的实践经验

高等教育管理涉及多个领域，如教育、管理、法律、经济、社会等。跨界融合要求高等教育管理者具备跨领域的知识储备和实践能力，从而在实际工作中更好地应对各种挑战。此外，跨界融合还能促进高等教育管理与其他领域的交流与合作，形成资源共享、优势互补的良性互动，进一步推动高等教育管理创新。

## （三）为高等教育管理创新提供了新的发展动力

在当前全球化的背景下，高等教育管理需要不断适应国际化的趋势，积极借鉴国际先进的教育理念和管理模式。跨界融合作为一种国际化的管理理念，能为高等教育管理创新提供新的动力。此外，跨界融合还能推动高等教育管理创新，提高高等教育的国际竞争力，促进高等教育更好地服务于国家和民族的发展。

## （四）为高等教育管理创新提供了有效的政策支持

我国政府高度重视高等教育管理创新，并在政策层面给予了一定的支持。跨界融合作为一种新兴的管理模式，能有效促进高等教育管理创新。因此，政府应当加大对跨界融合的支持力度，出台相应的政策，引导和推动高等教育管理创新。

# 参考文献

[1]别敦荣.高等教育管理探微[M].厦门：厦门大学出版社，2021.

[2]别敦荣.高等教育管理与评估[M].北京：中国海洋大学出版社，2009.

[3]曾仲，沈少龙.高等教育管理探索[M].广州：暨南大学出版社，2004.

[4]陈庆华，王鹏.从经验管理到实证研究：高等教育管理研究、成果报告合集[M].昆明：云南大学出版社，2019.

[5]代静.高等教育管理与教学研究[M].西安：西安交通大学出版社，2017.

[6]董立平.高等教育管理价值通论[M].厦门：厦门大学出版社，2014.

[7]杜卫华.德国和奥地利高等教育管理模式改革研究[M].天津：南开大学出版社，2018.

[8]高跟娣.高等教育论坛[M].西安：西安地图出版社，2006.

[9]洪竞科.工程项目复杂性与管理[M].重庆：重庆大学出版社，2022.

[10]胡芳.传媒高等教育改革与创新研究[M].北京：中国广播电视出版社，2009.

[11]姜华，李家宝.高等教育管理教程[M].哈尔滨：哈尔滨工业大学出版社，2008.

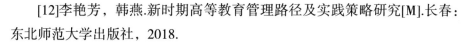

[12]李艳芳，韩燕.新时期高等教育管理路径及实践策略研究[M].长春：东北师范大学出版社，2018.

[13]梁迎春，赵爱杰.高等教育管理与质量评价研究[M].西安：西安交通大学出版社，2017.

[14]林世员，郑勤华.教育信息化与慕课发展战略研究[M].北京：北京师范大学出版社，2020.

[15]刘爱萍.我国高等教育管理路径选择与实践策略研究[M].北京：中国商业出版社，2022.

[16]刘振海，谢德胜.终身教育视域下我国高等教育管理体制研究[M].沈阳：辽宁教育出版社，2018.

[17]马静.高等教育管理发展的战略研究[M].北京：北京工业大学出版社，2021.

[18]孟维亮.以学生为本的高等教育管理改革与创新[M].广州：世界图书出版广东有限公司，2019.

[19]三峡大学高教所.高等教育理论与实践研究·第6辑[M].武汉：武汉出版社，2007.

[20]孙小龙.制度关怀塑造大学生全面发展：高等教育管理内涵式探究[M].北京：新华出版社，2022.

[21]王宝堂.当代高等教育管理与实践路径研究[M].青岛：中国海洋大学出版社，2018.

[22]王顺.网络空间安全技术[M].北京：机械工业出版社，2020.

[23]吴杰，张帅.高等教育管理与心理学研究[M].北京：文化发展出版社，2019.

[24]徐宏峰.高等教育管理审计[M].南京：河海大学出版社，2007.

[25]姚纬明，余达淮，曹菱红.高等教育管理[M].南京：河海大学出版社，2004.

[26]尹新，杨平展.融合与创新：高校教育信息化探索与实践[M].长沙：湖南科学技术出版社，2018.

[27]张川，董志英.高等教育改革理论探新[M].北京：中国社会出版社，2005.

[28]张桓，柯亮.当代高等教育管理与教学研究[M].北京：北京工业大学出版社，2021.

[29]张亚军.教育前沿高等教育管理理论与创新研究[M].沈阳：辽宁大学出版社，2023.

[30]张贞云.教育信息化[M].青岛：中国海洋大学出版社，2018.

[31]曾平江.数字技术赋能高等教育管理质量提升：价值功能和实践进路[J].吉林广播电视大学学报，2023（2）：94–96.

[32]陈创.数字化助推民办高校治理现代化：以学生教育管理为本[J].山西青年，2023（5）：157–159.

[33]陈雅敏.教育信息化视域下的高等学历继续教育教学规状调查及改进策略研究[D].昆明：云南师范大学，2023.

[34]程春.新时代高校教育管理数字化建设研究[J].食品研究与开发，2023，44（18）：239–240.

[35]邓晶艳.基于大数据的大学生日常思想政治教育创新研究[D].贵阳：贵州师范大学，2021.

[36]翟亚军，王战军.数智赋能我国研究生教育管理组织形态的变革与建构[J].清华大学教育研究，2023，44（6）：63–73.

[37]刁欢欢，张国立.数字赋能：高校学生教育管理的审视与创新[J].科教导刊，2024（7）：135–137.

[38]丁海珍.教育现代化视域下社区教育供给研究[D].上海：华东师范大学，2023.

[39]高盛楠.高校思想政治教育数字化发展研究[D].成都：电子科技大学，2023.

[40]郜太.大数据时代高校教育管理数字化创新路径研究[J].文教资料，2023（24）：179–181.

[41]何润芳.基于多源数据的高等教育信息化发展区域差异研究[D].北京：北京邮电大学，2022.

[42]胡建波.陕西省职业教育发展困境与职业教育体系再设计研究[D].厦门：厦门大学，2020.

[43]黄林奇.疫情防控下高校教育管理的数字化建设：现实与未来[J].海

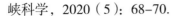
峡科学，2020（5）：68-70.

[44]黄修文.高等教育数字化网络教育技术变革的审思及其风险防范[D].南宁：南宁师范大学，2023.

[45]嵇梦丽.高职院校教育管理信息化建设问题与对策研究[D].徐州：中国矿业大学，2020.

[46]姜嘉伟.德国高等教育现代化发展战略研究[D].西安：陕西师范大学，2021.

[47]蒋鑫.美国基础教育信息化发展与变革研究（1958—2018）[D].福州：福建师范大学，2021.

[48]兰国帅，张怡，郭倩，等.推动高等教育数字化转型：优化、持续和创新——《2020年十大IT议题》报告解读与启示[J].开放教育研究，2020，26（5）：12-25.

[49]兰思嘉.数字化转型背景下高校教务管理研究[D].哈尔滨：哈尔滨师范大学，2023.

[50]蓝媛慧.整体性治理视域下我国高等教育管理大数据赋能路径研究[J].湖北经济学院学报，2024，22（1）：120-125.

[51]李春林，裴雪晴.高等教育数字化治理：缘起、挑战与应对[J].高等建筑教育，2024，33（2）：1-6.

[52]刘丙利.高校院长信息化领导力研究[D].曲阜：曲阜师范大学，2022.

[53]刘献君.智慧教育背景下高等教育管理变革探究[J].高校教育管理，2024，18（1）：24-32.

[54]刘晓慧.教育现代化目标导向的区域高等教育信息化评价指标体系研究[D].北京：北京邮电大学，2022.

[55]罗莎莎.智能时代教师角色的建构研究[D].重庆：西南大学，2020.

[56]骆小虎，陈凌婧，朱玉清.数字化改革背景下高校教育管理模式的改革与创新路径研究[J].教育观察，2022，11（4）：17-19+30.

[57]马军.数字化时代应用型高校的转型趋向[J].教育信息化论坛，2023（6）：6-8.

[58]牛睿.以院校研究专业化推进高等教育数字变革——"高等教育数字变革与院校研究专业化"学术研讨会暨中国高等教育学会院校研究分会第

四次会员代表大会综述[J].高等教育研究，2023，44（7）：107-109.

[59]秦一鸣.我国应用型高校课程建设研究[D].上海：华东师范大学，2021.

[60]渠晨曦.大数据赋能高校治理的机理与实践路径研究[D].徐州：中国矿业大学，2023.

[61]世界高等教育数字化发展报告课题组，王烽，王繁.无限的可能——世界高等教育数字化发展报告（2023)[J].中国高等教育，2024（Z1）：13-18.

[62]世界慕课与在线教育联盟秘书处.高等教育数字化变革与挑战——《无限的可能：世界高等教育数字化发展报告》节选五[J].中国教育信息化，2023，29（1）：44-60.

[63]世界慕课与在线教育联盟秘书处.各国谋划和实施高等教育数字化战略——《无限的可能：世界高等教育数字化发展报告》节选二[J].中国教育信息化，2023，29（1）：9-23.

[64]水君飞."互联网+"背景下高校教育管理模式的变革与创新[J].中国多媒体与网络教学学报（上旬刊），2023（5）：100-103.

[65]宋坤禹.全日制硕士研究生"三位一体"管理机制构建研究[D].唐山：华北理工大学，2020.

[66]王国鹏.新时代开放教育大学生党建工作研究[D].长春：吉林大学，2022.

[67]王晶莹，朱烁，迪李达尔·吉力力.数字化背景下研究生教育管理质量提升研究[J].文教资料，2023（7）：162-165.

[68]王潇.新时代高校思想政治教育评价研究[D].上海：同济大学，2022.

[69]王雪娇，李艳辉.俄罗斯高等教育数字化转型研究及启示[J].中国教育信息化，2022，28（1）：78-88.

[70]王永生.基于创新能力培养创新高等教育管理工作——评《高等教育管理与大学生创新能力培养研究》[J].中国高校科技，2023（Z1）：129.

[71]王宇.高职院校数字化校园建设存在的问题与对策研究[D].济南：济南大学，2021.

[72]魏文松.教育数字化下的学习权研究[D].南京：东南大学，2022.

[73]吴安杰，武艺.数字化转型过程中高校面临的问题及解决途径[J].科教导刊，2023（22）：1-3.

[74]熊亚利.基于文本挖掘的高等教育信息化政策演化研究[D].成都：电子科技大学，2023.

[75]徐坚.促进教师参与治理：职业教育专业教学资源库的改革方向[D].上海：华东师范大学，2020.

[76]杨晓宏，郑新，何继龄.教育战"疫"之中国智慧及对教育数字化转型的启示——在线教育视角[J].中国电化教育，2023（3）：46-54.

[77]杨彦玲，王甜甜，张婕.高等教育数字化转型的现实困境及突破策略[A]首届教育数字化发展论坛论文集[C].河南省高等教育学会、《中国现代教育装备》杂志社有限责任公司，北京未名智慧教育科技有限公司，2023.

[78]杨宗凯.高等教育数字化的新特征新范式新路径[J].中国教育网络，2024（1）：19-20.

[79]杨宗凯.高等教育数字化发展：内涵、阶段与实施路径[J].中国高等教育，2023（2）：16-20.

[80]尹雅丽，赵昱迪，江梦婷，等.越南高等教育数字化转型的战略选择[J].中国教育信息化，2023，29（11）：51-63.

[81]佘云龙.大数据时代高校教育教学管理的机遇和挑战[A]2023年教学方法创新与实践科研学术探究论文集（五）[C].中国国际科技促进会国际院士联合体工作委员会，中国国际科技促进会国际院士联合体工作委员会，2023.

[82]袁佳.信息化时代高职教育管理建设的路径探索要求[J].科技视界，2021（24）：160-161.

[83]袁琳.高等教育评价主体的协同机制构建研究[D].长沙：湖南大学，2022.

[84]张明广.基于就业结构优化的高等职业教育结构调整研究[D].天津：天津大学，2022.

[85]张伟，余静，张洁琼，等.高校医学教育管理数字化创新研究——评《实用高等医学教育管理学》[J].中国学校卫生，2022，43（10）：1436.

[86]赵慧杰.教育数字化战略下高等教育管理的机遇、挑战与优化路径

[J].黑龙江教育（教育与教学），2024（S1）：48-50.

[87]郑娟，张辉.新时代成人高等教育学历信息数字化管理困境与对策——基于成人高等教育学生需求视角[J].大学教育，2024（3）：1-3+8.

[88]郑润廷.上海市高校服务全民终身学习评价指标体系研究[D].上海：上海师范大学，2023.